BUEN PROVECHO
pescados y mariscos

CAROL TENNANT

p

Asesor Editorial: Felicity Jackson
Edición: Susanna Tee
Fotografía: Colin Bowling, Paul Forrester y Stephen Brayne
Economistas del hogar y estilistas: David Morgan, Mandy Phipps y Gina Steer
Accesorios: Barbara Stewart en Surfaces

Copyright © 2003 de la edición española:
PARRAGON
Traducción del inglés, redacción y maquetación:
Atlas Translations Ltd

Printed in China
ISBN 1-40540-817-0

Nota
Si no se indica lo contrario, se supone que la leche tiene toda la nata, los huevos son
de tamaño mediano y la pimienta es pimienta negra recién molida.

Los niños, ancianos, mujeres embarazadas y cualquier persona que sufra alguna
enfermedad deben evitar la recetas en las que se utilizan huevos crudos.

Contenido

Introducción

Los pescados y mariscos se merecen la buena reputación de ser alimentos saludables. Todos contienen alto contenido proteínico y algunos, como los pescados grasos, tales como la caballa y el arenque, son ricos en grasas polinsaturadas que ayudan a reducir los niveles de colesterol. El pescado blanco es una buena fuente de minerales además de tener poca grasa, en especial si está hervido, cocido al vapor o asado a la plancha. Si bien es cierto que a los mariscos se les vincula con el colesterol alto, también es cierto que poseen pocas grasas saturadas y, por lo tanto, se pueden comer con moderación.

Es asombrosa la inmensa cantidad de pescados y mariscos disponibles en el mercado. Si decide comerlos una vez a la semana, podría pasar todo un año sin repetir ni un solo plato. Tanto los pescados como los mariscos son de fácil y rápida preparación, de ahí que sean un ingrediente atractivo para aquellos que disponen de muy poco tiempo para la cocina. Los pescados se consiguen, con frecuencia, ya listos para cocer, así que se preparan en cuestión de minutos; los mariscos, en su mayoría, vienen ya precocidos, de modo que requieren aún menos preparación.

En comparación con la carne, la relación calidad-precio del pescado es mejor, ya que no produce tantos desperdicios y no tiene grasas ni cartílagos que eliminar, de modo que prepararlo no es una labor tediosa. Así pues, sería bien sensato incluirlos en su dieta diaria.

COMPRAR PESCADOS Y MARISCOS?

Las pautas que tiene que seguir cuando compre pescados y mariscos en su pescadería de confianza o en el supermercado son las mismas:

•   Los ojos del pescado deben ser cristalinos, brillantes y húmedos. Evite aquéllos con ojos opacos, grisáceos o empañados.

•   Las agallas del pescado deben ser de color rojo brillante o rosa, no opacas y grises.

•   El pescado debe tener olor a mar y a nada más.

•   Si presiona la piel del pescado con el dedo pulgar, la carne debe regresar a su sitio y podrá observar algo de su huella o nada en absoluto.

•   Las conchas de los mariscos con charnelas como las ostras, los mejillones y las almejas deben estar totalmente selladas antes de ser cocidas. Si están un poco abiertas, déle un golpe firme, si no se cierran deséchelas.

•   Los mariscos cocidos deben oler a fresco y no a amoníaco, ni siquiera un poco. Si es posible verifique la fecha de consumo.

ALMACENAMIENTO

Como usted no sabe cuándo fue capturado el pescado, especialmente si lo compra en el supermercado, le recomendamos que lo compre y consuma el mismo día. Desafortunadamente, los frigoríficos modernos no son el mejor lugar para almacenar pescados, ya que la temperatura es de unos 5°C y los pescados se mantienen mejor a 0°C. Si tiene que conservarlo, no lo guarde por más de uno o dos días. Colóquelo en un recipiente plástico y eche hielo por encima. Cúbralo con papel transparente y póngalo en el lugar más frío del frigorífico.

Los pescados de carne firme, como el rodaballo, el gallo y el rape, se pueden congelar más fácilmente que los de carne blanda, como el róbalo, el lenguado y la solla, pero todos se deteriorarán en un espacio de tiempo relativamente corto. Al pescado graso no le favorece ser congelado. Sin embargo, si tiene que guardarlo por más de uno o dos días, congerlarlo es su mejor opción . Asegúrese de descongelarlo por completo antes de cocerlo.

PREPARACIÓN

El tiempo que requiere preparar el pescado depende de dónde lo ha comprado. Algunos supermercados cuentan con mostradores de pescados frescos y con un pescadero, mientras que otros venden el pescado envasado al vacío. Muchos pescados se consiguen ya escamados y limpios, enteros o en filetes. Sin embargo, y por regla general, le será más económico comprar un pescado entero y prepararlo usted mismo en casa, aunque si lo compra a un pescadero, éste, usualmente hará el trabajo por usted. Pero le recordamos que no es difícil de hacer y sólo requiere algo de práctica.

UTENSILIOS

Aunque por regla general usted no necesita un equipo especial, existen algunos utensilios útiles que puede adquirir si tiene planes de cocer mucho pescado. Si, por ejemplo, piensa hervir el pescado entero, sería prudente comprar una besuguera. Esto es una olla ovalada de acero inoxidable con un interior desprendible y una tapa. Generalmente viene en diferentes tamaños.

Un wok o sartén grande, profunda y de base resistente al calor es útil para freír y saltear. Si, por otro lado, quiere cocinar el pescado al vapor puede comprar una olla doble para cocer al vapor, una vaporera de bambú o una vaporera eléctrica. Un termómetro le será de utilidad para cuando quiera freír con abundante aceite, así como también una cesta para sumergir en el aceite y una olla grande.

Si va a limpiar el pescado, es imprescindible que adquiera un buen cuchillo para filetear. También le serán útiles unas pinzas para sacar las espinas pequeñas.

MÉTODOS DE COCCIÓN

Existen diferentes métodos para cocer el pescado dependiendo de su tipo pero, por lo general, hervido, al vapor o estofado resulta mucho mejor, ya que queda jugoso, a diferencia del cocinado a la plancha, al horno o a la parrilla. Sin embargo, si utiliza uno de estos últimos métodos, puede minimizar el riesgo de secarlo cociéndolo a una temperatura suficientemente alta para evitar la pérdida de humedad al tiempo que se cuece rápidamente.

HERVIDO

Sumerja el pescado en el líquido en el que se va a hervir, por ejemplo, un "court bouillon" (caldo compuesto de agua, vino blanco y especias), caldo de pescado, leche, cerveza o sidra. Llévelo al punto de ebullición y retire la olla del fuego inmediatamente, deje que el pescado se cueza con el calor restante. Este método evita cocer demasiado el pescado y es además excelente si quiere servirlo frío.

AL VAPOR

Tanto a los pescados como a los mariscos les favorece la cocción al vapor. También en este caso puede utilizar un líquido que tenga sabor para que el pescado tome gusto mientras se cuece. Este método es excelente para mantener el pescado jugoso y darle un sabor suave. Puede utilizar una besuguera, una olla doble para cocer al vapor o una vaporera que se coloque encima de otra olla con agua hirviendo.

EN ESTOFADOS

Tanto el pescado entero como en trozos se pueden cocer en un líquido al que se le incluyen otros ingredientes como verduras, es decir, un estofado. El pescado suelta su sabor en el líquido mientras se cuece y le da un sabor único.

AL GRILL

Éste es uno de los métodos más rápidos y fáciles de cocer el pescado entero o en filetes. También sirve para cocer mariscos, pero primero tendrá que abrirlos por la mitad y a lo largo. Independientemente de lo que decida cocinar, asegúrese de colocar el grill al fuego máximo y poner el pescado lo más cerca posible de la fuente de calor. Cocer el pescado a la parrilla también es muy efectivo. En estos casos, unte el pescado con mantequilla, aceite o marinada antes y durante la cocción para mantener la carne jugosa.

AL HORNO

Este método incluye todas las formas de cocción al horno, tales como asar al descubierto, en cazuela y en papillote (asado con manteca y aceite y envuelto en un papel). Éste es uno de los mejores métodos para cuando tenga invitados, ya que una vez que meta el plato en el horno, estará libre para dedicarse a otras cosas.

FRITO EN ABUNDANTE ACEITE

En este caso el pescado se cubre con un rebozado, con harina o con pan rallado y se fríe en aceite. Necesitará una olla grande y resistente o una freidora. Los trozos muy grandes de pescado cubiertos de rebozado se fríen mejor a una temperatura baja, unos 180°C, que permite que el pescado se cueza sin quemar el rebozado. Los trozos más pequeños en pan rallado, deben cocerse a temperaturas más altas, unos 190°C. Elimine el exceso de aceite colocando las piezas fritas sobre papel absorbente, para que se mantengan crujientes.

FRITO EN UNA SARTÉN CON POCO ACEITE

Éste es un método rápido de cocer pescados y mariscos, toma de 3 a 4 minutos. Ponga a calentar una pequeña cantidad de aceite o de mantequilla y aceite en una sartén, agregue el pescado y rehóguelo hasta que esté tierno y ligeramente dorado. Es vital disponer de una buena sartén antiadherente.

Existen muchas razones de peso para aumentar la cantidad de pescados y mariscos en nuestra dieta diaria. Ambos ofrecen variedad, versatilidad, creatividad y etiqueta y, además, son mucho más saludables que otros tipos carnes. Entones, ¿por qué no intentarlo?

Entradas y Aperitivos

Los platos de este capítulo han sido elaborados bien sea para despertar el apetito para el plato principal que se sirve después, sin que llenen demasiado, o para acompañar las bebidas. Los pescados y mariscos son excelentes como entradas no sólo porque tienen mucho sabor sino también porque permiten una gran variedad de deliciosos platos. Asimismo, el pescado es mucho más ligero que la carne y por lo tanto no llenan tanto.

Los pescados se cuecen muy rápido, así que son ideales para cuando se tienen invitados. Muchos de los platos de este capítulo se pueden preparar por adelantado y servirse fríos, como los Bocaditos de Anchoas, el Paté de Caballa Ahumada y el Salmón Curado con Lima y Albahaca y otros como, las Tartaletas de Mejillones al Curry y los Calamares Rellenos, se pueden simplemente recalentar.

En este capítulo encontrará también una buena selección de primeros platos como la Tortilla de Cangrejo al Estilo Tailandés, las Gambas en Potecitos y las Croquetas de Cangrejo Maryland con Salsa de Albahaca, y Tomate, además de muchas otras ideas para ensaladas deliciosas, como la Ensalada de Eglefino Ahumado y la Brucheta con Anchoiade (pasta de anchoas), Tomates Mixtos y Mozzarella.

Bocaditos de anchoas

Estos rollitos de masa son perfectos para servir con bebidas antes de la comida.
Si prefiere, utilice una pasta de anchoas ya preparada como la Salsa Gentlemen, para ahorrar tiempo.

Salen unos 30

INGREDIENTES

175 g de harina común
80 g de mantequilla, picada en trozos
    pequeños
4 cucharadas de queso parmesano
    fresco y rallado
3 cucharadas de mostaza de Dijon
sal y pimienta

ANCHOIADE (PASTA DE ANCHOAS):
2 x 50 g de latas de filetes de anchoas
    en aceite de oliva, escurridos
100 ml de leche
2 dientes de ajo, ligeramente picados
1 cucharada de hojas de perejil fresco,
    ligeramente cortadas

1 cucharada de albahaca fresca,
    ligeramente cortada
1 cucharada de zumo de limón
25 g de almendras peladas, tostadas
    y ligeramente cortadas
4 cucharadas de aceite de oliva

1 Para hacer la masa, cuele la harina en un recipiente grande y agregue la mantequilla. Amase con los dedos hasta obtener una mezcla parecida al pan rallado. Añada la mitad del queso Parmesano y la sal. Añada suficiente agua fría (unas 3 cucharadas) para formar una pasta firme. Amase un poco, envuélvala con papel transparente y refrigere durante 30 minutos.

2 Mientras tanto prepare la anchoiade. Coloque las anchoas escurridas en un recipiente pequeño y cúbralas con la leche. Deje remojar durante 10 minutos. Escurra las anchoas y séquelas dándoles golpecitos con papel absorbente. Deseche la leche.

3 Corte las anchoas ligeramente y colóquelas en una batidora o licuadora con el ajo, la albahaca, el zumo de limón, las almendras y dos cucharadas de aceite. Mezcle hasta obtener una pasta suave. Sáquela de la batidora o licuadora y añada el resto del aceite de oliva y pimienta al gusto. Deje reposar.

4 Saque la masa del frigorífico y con un rodillo estírela hasta formar un rectángulo grande y delgado que mida 55 x 37,5 cm. Unte 2 cucharadas de la anchoiade y la mostaza de Dijon. Espolvoree el resto del queso parmesano y un poco de pimienta negra.

5 Enrolle firmemente comenzando por el lado largo del rectágulo y luego corte a lo ancho en rodajitas de 1 cm de ancho. Colóquelas en una bandeja de horno con el corte hacia arriba y bien separadas.

6 Métalas al horno caliente durante 20 minutos a 200°C hasta que se doren. Deje enfriar en una rejilla de metal.

Brucheta con Anchoiade, Tomates Mixtos y Mozzarella

Esta colorida ensalada rebosa en sabor y texturas.
Sugiero utilizar los tomates cereza, tipo beef o los alargados,
pero quedará bien con cualquier tomate maduro disponible.

Para 4 personas

INGREDIENTES

2 x 150 g de queso mozzarella en bolas, escurrido
115 g de tomates cereza anaranjados
115 g de tomates cereza rojos
2 tomates alargados o tipo beef rojos, maduros
2 tomates tipo beef anaranjados o amarillos, maduros

4 cucharadas de aceite de oliva extra virgen, y un poco extra para salpicar
1 cucharada de vinagre balsámico
8 rebanadas gruesas de ciabatta o cualquier otro tipo de pan rústico campestre
1 diente de ajo

4 cucharadas de anchoiade (ver Bocaditos de Anchoas, página 8)
un puñado de hojas de albahaca
sal y pimienta

1 Corte el queso Mozzarella en rodajas gruesas. Coloque aparte. Corte los tomates cereza por la mitad y corte los tomates alargados o tipo beef en rodajas gruesas.

2 Para hacer el aderezo, mezcle el aceite de oliva, el vinagre balsámico y los condimentos.

3 Tueste el pan por ambos lados y luego restriege el diente de ajo por uno de los lados. Rocíe un poquito de aceite de oliva y unte la anchoiade en el pan tostado.

4 Para arreglar la ensalada, coloque los tomates rebanados en cada uno de los cuatro platos y esparza los tomates cereza.

5 Coloque el queso mozzarella encima del pan y 2 ó 3 tomates cerezas cortados por la mitad. Cueza debajo del grill caliente durante unos 3 ó 4 minutos hasta que el queso se ablande. Rocíe con el aderezo y eche una hojas de albahaca y algo de pimienta negra por encima.

6 Coloque dos rodajas de pan por plato.

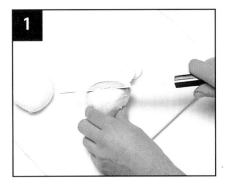

Bagna Cauda con Crudités (verduras crudas)

La traducción literal de Bagna Cauda es "baño caliente". Es un plato típico de la zona del Piamonte en Italia, donde se come en grandes grupos.

Para 8 personas

INGREDIENTES

1 pimiento amarillo
3 ramitas de apio
2 zanahorias
1/2 coliflor
115 g de champiñones
1 bulbo de hinojo
1 ramillete de cebolletas

2 remolachas cocidas y peladas
8 rábanos
225 g de patatas tempranas cocidas
225 ml de aceite de oliva (no extra virgen)
5 dientes de ajo machacados

una lata de 50 g de anchoas en aceite, escurridas y picadas
115 g de mantequilla
pan tipo italiano para acompañar

1 Prepare las verduras. Quite las semillas del pimiento y córtelo en tiras gruesas. Corte el apio en palitos de 7,5 cm de largo. Corte las zanahorias en bastoncitos. Hágale unos cortes a los champiñones sin llegar a abrirlos del todo, como se muestra en la foto. Separe coliflor en ramilletes. Corte el hinojo por la mitad y a lo largo y luego corte cada mitad en cuatro y a lo largo. Corte las cebolletas. Corte las remolachas en ocho pedazos. Corte los rábanos. Corte las patatas por la mitad si son muy grandes. Arregle

todas las verdurass en una fuente grande para servir.

2 Caliente el aceite a fuego lento en una olla. Añada el ajo y las anchoas y rehogue poco a poco removiendo hasta que las anchoas se hayan disuelto. Tenga cuidado de no dorar o quemar el ajo.

3 Agregue la mantequilla y tan pronto como se haya derretido, sirva de inmediato con la selección de crudités y suficiente pan.

SUGERENCIA

Si dispone de un juego de fondue, lo puede utilizar para mantener la salsa caliente en la mesa.

Gambas Gigantes con Ajo

Las gambas gigantes se cuecen en una cazuela. Se llevan a la mesa bien calientes
y se acompañan con suficiente pan para mojarlo en la deliciosa salsa.

Para 4 personas

INGREDIENTES

120 ml de aceite de oliva
4 dientes de ajo, picados en trocitos
2 chiles picantes, sin semillas y
   picados en trocitos

450 g de gambas gigantes cocidas
2 cucharadas de hojas de perejil
   fresco picadas
sal y pimienta

pan crujiente para acompañar
pedazos de limón como guarnición

1 Caliente el aceite en una sartén grande a fuego lento. Agregue el ajo y los chiles y cueza durante 1 ó 2 minutos hasta que estén blandos pero no dorados.

2 Añada las gambas y rehogue de 2 a 3 minutos removiendo todo el tiempo hasta que estén calientes y cubiertas con el aceite y el ajo. Retire la sartén del calor.

3 Agregue el perejil y mezcle todo muy bien. Sazone al gusto.

4 Sirva las gambas con el aceite de ajo en platos previamente calentados y con mucho pan crujiente. Acompañe con trozos de limón.

SUGERENCIA

Si puede conseguir las gambas crudas, cuézalas como se ha indicado anteriormente, pero aumente el tiempo de cocción de 5 a 6 minutos hasta que estén bien cocidas y se tornen de color rosa.

Rollitos Primavera con Gambas

Estos deliciosos rollitos son ideales para servirlos con una selección de canapés.
Sírvalos con diferentes tipos de salsas, como se sugiere en la receta.

Salen unos 30

INGREDIENTES

50 g de vermicelli de harina de arroz
1 zanahoria en juliana
50 g de tirabeques cortados
 a lo largo
3 cebolletas en trocitos
100 g de gambas cocidas y peladas
2 dientes de ajo, machacados

1 cucharadita de aceite de sésamo
2 cucharadas de salsa clara de soya
1 cucharadita de salsa picante
200 g de pasta filo en cuadrados
 de 15 cm
1 clara de huevo batida
aceite vegetal, para freír

salsa oscura de soja, salsa de chile
 dulce o salsa agridulce (ver
 Croquetas de Pescado al Estilo
 Tailandés, página 40)

1 Cueza los vermicelli de arroz siguiendo las instrucciones del paquete. Escurra bien, córtelos ligeramente y colóquelos a un lado. En una olla, hierva agua con sal y escalde la zanahoria y los tirabeques 1 minuto. Escurra y refrésquelos con suficiente agua fría. Escurra de nuevo y séquelos dándoles golpecitos con papel. Mezcle con los vermicelli, las cebolletas, las gambas, el ajo, el aceite de sésamo, la salsa de soja y la salsa picante. Ponga a un lado.

2 Doble los cuadrados de pasta filo diagonalmente para formar triángulos. Coloque un triángulo sobre la superficie de trabajo con el doblez hacia usted y ponga una cucharada de la mezcla en el centro. Enrolle la pasta filo para que el relleno quede adentro, luego doble las esquinas hacia el centro para cerrarlo en forma de rollito. Moje una brochita de cocina con la clara de huevo batida y pinte la punta del rollito que está más alejada de usted y continúe enrollando para sellarlo. Repita este procedimiento con los otros triángulos hasta hacer unos 30 rollitos.

3 Llene tres cuartas partes de una freidora o una olla grande de aceite vegetal y caliente a unos 190°C o hasta que un pedacito de pan se dore en 30 segundos. Fría 4 ó 5 rollitos primavera a la vez unos 1 ó 2 minutos o hasta que estén dorados y crujientes. Quite el exceso de grasa con papel absorbente y fría el resto de los rollitos en lotes.

4 Sírvalos calientes con la salsa oscura de soja, la salsa de chile dulce o la salsa agridulce.

Satay de Gambas

Merece la pena que se tome algo de tiempo en conseguir un buen proveedor de ingredientes tailandeses, tales como la hierba de limón y las hojas de lima, ya que le dan al plato un sabor insustituible.

Para 4 personas

INGREDIENTES

12 gambas gigantes crudas y peladas

MARINADA:
1 cucharadita de cilantro
1 cucharadita de comino molido
2 cucharadas de salsa clara de soya
4 cucharadas de aceite vegetal
1 cucharada de curry en polvo
1 cucharada de azafrán molido

120 ml de agua de coco
3 cucharadas de azúcar

SALSA DE CACAHUETE:
2 cucharadas de aceite vegetal
3 dientes de ajo, machacados
1 cucharada de pasta de curry rojo
   (ver Gambas al Curry Rojo,
   página 102)

120 ml de leche de coco
225 ml de caldo de pescado o pollo
1 cucharada de azúcar
1 cucharadita de sal
1 cucharada de zumo de limón
4 cucharadas de cacahuetes tostados
   sin sal, picados en trocitos
4 cucharadas de pan rallado seco

1 Corte las gambas por el lomo y elimine la vena negra si la tiene. Ponga a un lado. Mezcle todos los ingredientes de la marinada y agregue las gambas. Mezcle bien, cubra y deje reposar unas 8 horas como mínimo o durante la noche.

2 Para hacer la salsa de cacahuete, caliente el aceite en una sartén grande hasta que esté muy caliente. Añada el ajo y fría hasta que comience a dorarse. Agregue la pasta de curry, mezcle bien y cueza otros 30 segundos. Añada la leche de coco, el caldo, el azúcar, la sal y el zumo de limón y remueva bien. Hierva 1 ó 2 minutos removiendo constantemente. Añada los cacahuetes y el pan rallado y mezcle todo muy bien. Vierta la salsa en un recipiente y ponga aparte.

3 Utilizando 4 pinchos, ensarte 3 gambas en cada uno. Ase debajo de un grill caliente o a la parrilla unos 3 ó 4 minutos por cada lado o hasta que estén bien cocidas. Sirva inmediatamente con la salsa de cacahuetes.

Gambas en Potecitos

Estos potecitos de gambas en mantequilla picante son un plato clásico de la cocina inglesa, originales de la Bahía Morecambe en Lancashire, donde todavía se preparan.

Para 4 personas

INGREDIENTES

225 g de mantequilla sin sal
400 g de gambas marrones sin pelar
  o 225 g de gambas cocidas
  y peladas

una pizca de pimienta de cayena
$^1/_2$ cucharadita de macis molido
1 diente de ajo machacado
1 cucharada de perejil fresco picado

sal y pimienta
pan integral para acompañar
trozos de limón y ramitos de perejil
  fresco para adornar

1 Caliente la mantequilla en un cazo hasta que se derrita y forme espuma. Deje reposar 10 minutos o hasta que la mantequilla se separe. Con mucho cuidado, y utilizando una cuchara separe el líquido amarillo cristalino y deseche la grasa blanca. El líquido amarillo cristalino que queda es la mantequilla clarificada.

2 Pele las gambas y deseche los caparazones. Caliente dos cucharadas de mantequilla clarificada en una sartén y agregue las gambas. Añada la pimienta de cayena, el macis y el ajo. Aumente el fuego y rehogue 30 segundos hasta que esté todo bien caliente. Retire del fuego y añada el perejil y el condimento.

3 Divida las gambas en porciones iguales y llene 4 potecitos individuales, presionando con una cuchara. Vierta el resto de la mantequilla clarificada hasta cubrirlas. Conserve en el frigorífico hasta que la mantequilla se haya cuajado.

4 Saque los potecitos del frigorífico 30 minutos antes de servir para que la mantequilla se reblandezca. Tueste el pan y sírvalo con las gambas; adorne con los trozos de limón y los ramitos de perejil, si lo desea.

SUGERENCIA

Para esta receta se utilizan por excelencia las gambas marrones pequeñas. Tienen muchísimo sabor y absorben muy bien la mantequilla. Pero si su pescadero no puede consequirlas, utilice las gambas color rosa peladas.

Ciruelas Rellenas de Mejillones

Esta receta es una variación del clásico "Devils on Horseback" (Diablos a Caballo), ostras envueltas con tocino. En esta versión se utilizan mejillones frescos cocidos al vapor como relleno de ciruelas marinadas que luego se envuelven en tocino ahumado y se asan al grill con un glaseado.

Salen unas 24

INGREDIENTES

3 cucharadas de oporto	24 ciruelas grandes deshuesadas	12 lonchas de tocino ahumado
1 cucharada de miel clara	24 mejillones vivos	con grasa
2 dientes de ajo, machacados		sal y pimienta

1 Mezcle el oporto, la miel y el ajo y sazone al gusto. Coloque las ciruelas en un recipiente pequeño y vierta la mezcla. Cubra y deje marinar 4 horas como mínimo o preferiblemente durante toda la noche.

2 Al día siguiente, limpie los mejillones. Cepille o raspe bien las conchas y elimine todos los filametos. Coloque los mejillones en una olla grande sólo con el agua que les queda en las conchas. Cúbralos y cueza a fuego alto 3 ó 4 minutos hasta que los mejillones se abran. Deseche los que permanezcan cerrados.

3 Escurra los mejillones y conserve el líquido en que se cocieron.

Espere que se enfríen y luego sáquelos de las conchas.

4 Con el lado no afilado de un cuchillo estire las lonchas de tocino y luego córtelas por la mitad y a lo ancho. Saque las ciruelas de la marinada y conserve la que sobre.

5 Rellene cada ciruela con un mejillón y envuélvalas con una tira de tocino. Pínchelas con un mondadientes. Repita esta operación hasta obtener 24.

6 En una olla, hierva a fuego lento el líquido donde cocieron los mejillones y el resto de la marinada hasta que se reduzca el líquido y

quede almibarado. Con una brochita de cocina, cubra cada ciruela con el glaseado. Colóquelas debajo de un grill caliente y ase 3 ó 4 minutos por cada lado dándoles vueltas y cubriéndolas con más glaseado hasta que el tocino esté crujiente y dorado. Sirva caliente.

VARIACIÓN

Como alternativa, utilice panceta o jamón de Parma cortado en tiritas en lugar de tocino y cocine como se ha indicado.

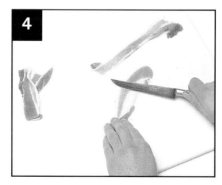

Mejillones Rebozados

Si le parece difícil hacer la mayonesa, o si no le gusta comer huevos crudos,
utilice una mayonesa ya preparada de buena calidad y añada el ajo y las hierbas.

De 4 a 6 personas

INGREDIENTES

175 g de harina común
una pizca de sal
1 huevo
225 ml de cerveza
900 g de mejillones vivos
abundante aceite vegetal para freír

MAYONESA DE AJO Y HIERBAS:
1 yema de huevo
1 cucharadita de mostaza de Dijon
1 cucharadita de vinagre de vino
  blanco
2 dientes de ajo machacados
2 cucharadas de hierbas mixtas
  frescas y cortadas, tales como
  perejil, cebollinos, albahaca y tomillo

225 ml de aceite de oliva
sal y pimienta

PARA ADORNAR:
trozos de limón
perejil fresco

1 Para hacer el rebozado, coloque la harina en un recipiente con la pizca de sal. Agregue el huevo y la mitad de la cerveza y mezcle con un batidor de mano hasta obtener una pasta suave. Vierta poco a poco el resto de la cerveza y siga batiendo hasta que esté suave. Deje reposar 30 minutos.

2 Limpie los mejillones con un cepillo o una esponja y retire los filamentos que tengan pegados. Deseche los que tengan las conchas rotas o cualquiera que no se cierre cuando le dé golpecitos. Colóquelos en una olla grande con sólo el agua que les queda en las conchas; cúbralos y cueza a fuego alto 3 ó 4 minutos, y agite la olla de vez en cuando hasta que se abran. Deseche los que permanezcan cerrados. Escúrralos y colóquelos aparte hasta que se enfríen. Luego, sáquelos de las conchas.

3 Para hacer la mayonesa de ajo y hierbas mezcle con una batidora eléctrica la yema de huevo, la mostaza, el vinagre, el ajo, las hierbas y el condimento hasta que obtenga una mezcla espumosa. Con el batidor todavía funcionando, añada el aceite de oliva, gota a gota al principio, hasta que la mezcla empiece a espesar. Continúe agregando el aceite en un hilo constante. Sazone y añada un poquito de agua caliente si la mezcla le parece muy espesa. Coloque aparte.

4 Mientras tanto, llene tres cuartas partes de una olla grande con el aceite vegetal y caliente a 190°C, o hasta que un pedacito de pan se dore en 30 segundos. Introduzca unos cuantos mejillones en el rebozado y sáquelos con una espumadera. Méta los en el aceite caliente y fría 1 ó 2 minutos hasta que el rebozado esté dorado y crujiente. Escúrralos en papel absorbente y sirva caliente con la mayonesa de ajo y hierbas. Adorne con trozos de limón.

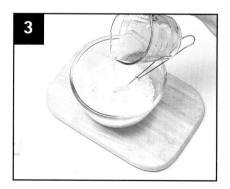

Mejillones con Pesto

Estos deliciosos bocados son una entrada llamativa y, a la vez, rápidos de preparar.
Sírvalos con pan crujiente para mojar en la salsa.

Para 4 personas

INGREDIENTES

900 g de mejillones vivos
6 cucharadas de albahaca fresca
 picada
2 dientes de ajo machacados
1 cucharada de piñones tostados

2 cucharadas de queso fresco
 parmesano rallado
100 ml de aceite de oliva
115 g de pan blanco fresco y rallado
sal y pimienta

PARA ADORNAR:
hojas de albahaca
rodajas de tomate

1 Limpie los mejillones con un cepillo o raspador y retire los filamentos que tengan pegados. Deseche los que tengan las conchas rotas o cualquiera que no se cierre cuando le dé golpecitos. Colóquelos en una olla grande con sólo el agua que les queda en las conchas; cúbralos y cueza a fuego alto 3 ó 4 minutos, y agite la olla de vez en cuando hasta que se abran. Deseche los que permanezcan cerrados. Escúrralos y colóquelos aparte hasta que se enfríen. Conserve el líquido.

2 Cuele el líquido en una olla limpia y cueza a fuego lento hasta obtener aproximadamente 1 cucharada de líquido. Viértalo en una trituradora y añada la albahaca, el ajo, los piñones y el queso parmesano. Tritúrelos bien. Agregue el aceite de oliva y el pan rallado y mezcle todo bien.

3 Abra los mejillones y sáquelos de las conchas, deseche la concha vacía. Divida la mezcla de pan rallado y pesto en partes iguales y rellene las conchas.

4 Ase debajo de un grill caliente hasta que el pan esté crujiente, dorado y los mejillones calientes.

Sirva inmediatamente con las rodajas de tomate y adorne con las hojas de albahaca.

VARIACIÓN

En lugar de agregar piñones al pesto, añada 80 g de tomates en aceite secados al sol, escurridos y picados.

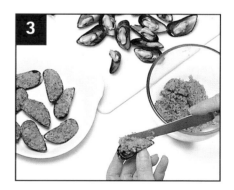

Tartaletas de Mejillones al Curry

Los mejillones absorben otros sabores fácilmente, por eso son tan versátiles. En esta receta se cuecen en una crema de curry que sirve como relleno para una tartaleta crujiente con sabor a nueces.

Para 6 personas

INGREDIENTES

175 g de harina común
¹/₂ cucharadita de cúrcuma
¹/₂ cucharadita de sal
80 g de mantequilla, cortada en trozos pequeños
25 g de nueces picadas en trocitos
ensalada para servir

RELLENO DE MEJILLONES AL CURRY:
450 g de mejillones vivos
2 cucharaditas de aceite vegetal
2 dientes de ajo picado finamente
1 cucharadita de jengibre rallado
1 cucharadita de pasta de curry no muy fuerte

200 ml de nata para montar
2 yemas de huevo
2 cucharadas de cilantro fresco picado
sal y pimienta

1 Para hacer la masa, cuele la harina, la cúrcuma y la sal en el recipiente de una batidora eléctrica o en un recipiente grande. Añada la mantequilla y bata o amase con sus dedos hasta que la mezcla se parezca al pan rallado. Agregue las nueces y 2 cucharadas de agua fría. Siga mezclando brevemente hasta que la masa tome su punto, agregue más agua si es necesario. No mezcle demasiado. Coloque la masa en una superficie ligeramente enharinada y amase unos instantes hasta que esté suave. Envuélvala en papel transparente y deje reposar dentro del frigorífico unos 30 minutos.

2 Limpie los mejillones con un cepillo o un raspador y retire los filamentos que tengan pegados. Deseche los que tengan las conchas rotas o cualquiera que no se cierre cuando le dé golpecitos. Colóquelos en una olla grande con sólo el agua que les queda en las conchas, cúbralos y cueza a fuego alto 3 ó 4 minutos, y agite la olla de vez en cuando hasta que se abran. Deseche los que permanezcan cerrados. Escúrralos y colóquelos aparte hasta que se enfríen. Luego, sáquelos de las conchas.

3 Para hacer la crema de curry, caliente el aceite en una sartén pequeña, agregue el ajo y el jengibre. Saltee 1 minuto antes de añadir la pasta de curry y mezcle bien. Retire del fuego y añada la nata. Coloque aparte y deje enfriar.

4 Divida la masa en 6 pedazos iguales. Estire muy fino cada pedazo con un rodillo y colóquelos en moldes de 6 x 9 cm, cada uno.

Utilizando papel de aluminio forre la masa en el molde y ponga unas judías encima. Métalos al horno caliente a 200°C unos 10 minutos. Retire el papel de aluminio y las judías y cueza otros 5 minutos. Sáquelos del horno y deje que se enfríen un poco. Reduzca la temperatura del horno a 180°C.

5 Una vez que las tartaletas se hayan enfriado un poco, rellénelas con los mejillones cocidos. Ahora incorpore las yemas de huevo y el cilantro a la crema y mezcle con un batidor de mano. Sazone y vierta la crema sobre las tartaletas hasta cubrir los mejillones. Meta las tartaletas al horno durante 25 minutos hasta que el relleno se haya cuajado y la masa esté dorada. Deje enfriar un poco y sírvalas con ensalada.

Calamares

El rebozado que se utiliza en esta receta no es el tradicional, pero este plato es ideal para servir con una selección de tapas para acompañar bebidas, como hacen en España.

Para 4 personas

INGREDIENTES

115 g de harina común
1 cucharadita de sal
2 huevos
175 ml de soda

450 g de calamares preparados
 cortados en aros (ver método)
suficiente aceite vegetal para freír
trozos de limón para acompañar

ramitos de perejil para adornar

1 Cuele la harina y la sal en un recipiente. Agregue los huevos y la mitad de la soda y mezcle con un batidor de mano hasta obtener una pasta suave. Añada lentamente el resto de la soda sin dejar de batir hasta que todo esté bien suave. Ponga a un lado.

2 Para preparar el calamar entero, sostenga el cuerpo firmemente y sujete los tentáculos dentro del cuerpo. Tire fuertemente para sacar las tripas. Busque la "espina dorsal" transparente y retírela. Sujete las aletas laterales y tire hasta quitarle la piel exterior. Corte los tentáculos justo por debajo de la boca y póngalos aparte.

3 Lave el cuerpo y los tentáculos en agua corriente. Corte el cuerpo horizontalmente para obtener unos aros de 1 cm. Escurra en papel absorbente.

4 Mientras tanto, llene tres cuartas partes de una olla grande con aceite vegetal y caliente a 190°C o hasta que un trocito de pan se dore en 30 segundos.

5 Introduzca los aros y los tentáculos en el rebozado, unos cuantos a la vez, y métalos en el aceite caliente. Fría 1 ó 2 minutos hasta que estén crujientes y dorados. Escurra en papel absorbente. Cocine todos

los calamares de esta forma, sirva inmediatamente y adorne con los trozos de limón y el perejil.

SUGERENCIA

Si no le gusta la idea de limpiar el calamar usted mismo, pídale a su pescadero que lo haga. Algunas veces puede conseguir el calamar ya cortado en aros. Otra alternativa es utilizar calamar baby ya preparado.

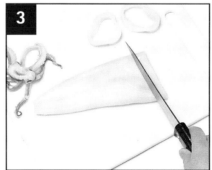

Calamares Rellenos

Esta forma de rellenar el calamar es muy típica de Grecia. La mayoría de los grandes supermercados con sección de pescado vende los calamares baby ya limpios.

Para 4 personas

INGREDIENTES

12 calamares baby limpios
1 cucharadita de sal
4 cucharadas de aceite de oliva
1 cebolla pequeña finamente picada
1 diente de ajo finamente picado
40 g de arroz basmati

1 cucharada de uvas pasas sin semillas
1 cucharada de piñones tostados
1 cucharada de hojas de perejil fresco picadas
una lata de 400 g de tomates picados

25 g de tomates secados al sol en aceite, escurridos y finamente picados
120 ml de vino blanco seco
sal y pimienta
pan crujiente para acompañar

1 Separe los tentáculos de los calamares. Córtelos y póngalos aparte. Con los dedos, sazone con sal los calamares por dentro y por fuera y déjelos reposar mientras prepara el relleno.

2 Caliente una cucharada de aceite de oliva en una sartén y añada la cebolla y el ajo. Cueza durante 4 ó 5 minutos hasta que estén blandos y algo dorados. Agregue los tentáculos y rehogue de 2 a 3 minutos. Añada el arroz, las uvas pasas, los piñones y el perejil, y sazone. Retire del fuego.

3 Deje que la mezcla de arroz se enfríe un poco y luego rellene los calamares con esta mezcla, unas tres cuartas partes del calamar, dejando suficiente espacio para que el arroz se expanda. Probablemente tenga que cortar los calamares un poco para abrirlos bien. Una vez rellenos pínchelos con un mondadientes para mantenerlos cerrados.

4 Caliente el resto del aceite en una cazuela refractaria grande. Agregue los calamares y rehogue unos minutos dándole vueltas hasta que estén ligeramente dorados. Añada los tomates, los tomates secados al sol, el vino y el condimento. Ase en el horno caliente a 180°C durante 45 minutos. Sírvase caliente o frío con suficiente pan crujiente.

SUGERENCIA

Si no consigue los calamares baby, puede utilizar los grandes sin alterar el tiempo de cocción. Utilice 225 g de calamares limpios para la cantidad de relleno utilizada en esta receta.

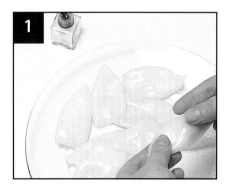

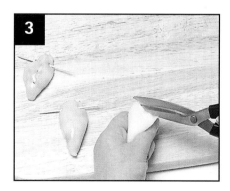

Chanquetes Tempura

Tempura es una masa para rebozar típica del Japón hecha con huevos, harina y agua. La masa es muy fría y muy grumosa lo que le da al plato su apariencia tan característica. Debe comerse inmediatamente.

Para 4 personas

INGREDIENTES

450 g de chanquetes descongelados
100 g de harina común
50 g de harina de maíz
$^1/_2$ cucharadita de sal
200 ml de agua fría
1 huevo

unos cuantos cubitos de hielo
abundante aceite vegetal para freir

MAYONESA DE CHILE Y LIMA:
1 yema de huevo
1 cucharada de zumo de lima

1 chile rojo fresco sin semillas y
finamente picado
2 cucharadas de cilantro fresco picado
200 ml de aceite de oliva
sal y pimienta

1 Para hacer la mayonesa, mezcle en una batidora la yema de huevo, el zumo de lima, el chile, el cilantro y el condimento hasta que esté espumoso. Con la máquina todavía funcionando, añada poco a poco el aceite de oliva hasta que la mezcla comience a espesar. Continúe añadiendo el aceite en un hilo constante. Sazone al gusto y agregue un poco de agua caliente si la mezcla está muy espesa. Ponga a un lado.

2 Para hacer los chanquetes, lave y fría el pescado. Escurra en papel absorbente. En un recipiente grande, cuele la harina, la harina de maíz y la sal. Mezcle el agua, el huevo y los cubitos de hielo y vierta sobre la harina. Mezcle brevemente con un batidor de mano hasta que la mezcla esté aguada pero grumosa y con pedacitos secos de harina.

3 Mientras tanto, llene tres cuartas partes de una olla grande con aceite vegetal y caliente a 190°C o hasta que un trocito de pan se dore en 30 segundos.

4 Introduzca varios chanquetes a la vez en el rebozado y luego en el aceite caliente. Fría durante 1 minuto o hasta que el rebozado esté crujiente pero no dorado. Escurra en papel absorbente. Fría todos los chaquetes de esta forma y sírvalos calientes con la mayonesa de chile y lima.

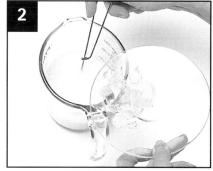

Paté de Caballa Ahumada

Este paté es fácil y rápido de preparar y tiene mucho sabor. Es originario de Goa, costa occidental de la India, zona famosa por sus productos de mar.

Para 4 personas

INGREDIENTES

200 g de filetes de caballa ahumada
1 chile pequeño verde y picante sin
  semillas y picado finamente
1 diente de ajo picado

3 cucharadas de hojas de cilantro
  fresco
150 ml de nata agria
1 cebolla roja pequeña picada

2 cucharadas de zumo de lima
sal y pimienta
4 rebanadas de pan blanco sin corteza

1 Quítele la piel al pescado y desmenuce retirando todas las espinas pequeñas que consiga. Ponga la carne en un vaso de batidora con el chile, el ajo, el cilantro y la nata agria. Bata hasta conseguir una mezcla suave.

2 Vierta la mezcla en un recipiente de cristal y agregue la cebolla y el zumo de lima. Sazone al gusto. El paté parecerá muy blando en este momento pero se pondrá más firme en el frigorífico. Refrigere durante varias horas o durante la noche, si es posible.

3 Para preparar las tostadas, coloque las rebanadas de pan cortado debajo de un grill no muy caliente y tueste ligeramente por ambos lados. Corte las tostadas por la mitad horizontalmente y luego diagonalmente para obtener 4 triángulos por rebanada.

4 Coloque el lado sin tostar debajo del grill y tueste hasta que se dore y las orillas empiecen a enrollarse. Sirva calientes o frías con el paté de caballa.

SUGERENCIA

Este paté se puede servir también con crudités (verduras crudas).

Ensalada de Eglefino Ahumado

El eglefino ahumado y los huevos son una combinación perfecta. En esta receta
se acompañan con huevitos de codorniz hervidos cubiertos con una salsa de cebollinos cremosa.

Para 4 personas

INGREDIENTES

350 g de filetes de eglefino ahumado
4 cucharadas de aceite de oliva
1 cucharada de zumo de limón
2 cucharadas de nata agria
1 cucharada de agua caliente

2 cucharadas de cebollinos frescos
picados
1 tomate alargado, pelado, sin semillas
y cortado en cuadritos
8 huevos de codorniz

4 rebanadas gruesas de pan de trigo
malteado o pan con muchas semillas
115 g de hojas mixtas para ensalada
cebollinos para adornar
sal y pimienta

1 Llene una sartén con agua y póngala a hervir. Añada los filetes de eglefino ahumado cubra y retire del fuego. Deje 10 minutos, hasta que el pescado esté tierno. Sáquelo del agua, escúrralo y déjelo enfriar. Desmenuce la carne retirando todas las espinas pequeñas. Ponga a un lado. Deseche el agua.

2 Con un batidor de mano, mezcle el aceite de oliva, el zumo de limón, la nata agria, el agua caliente, los cebollinos y el condimento. Añada el tomate y ponga a un lado.

3 En un cazo, ponga agua a hervir. Introduzca con cuidado los huevos y cuézalos 3 ó 4 minutos a partir del momento en que el agua empiece a hervir de nuevo (3 minutos para dejar el centro blando, 4 minutos para dejarlo firme). Escurra inmediatamente y refrésquelos con abundante agua fría. Pele los huevos, córtelos por la mitad verticalmente y ponga a un lado.

4 Tueste el pan y córtelo diagonalmente para obtener 4 triángulos. Coloque 2 en cada plato. Cúbralos con las hojas de ensalada, el

pescado desmenuzado y los huevos de codorniz. Ponga una cucharada de la salsa por encima y adorne con cebollinos.

SUGERENCIA

Cuando compre eglefino ahumado o cualquier pescado ahumado, trate de comprar el de color natural, ya que es de mejor calidad.

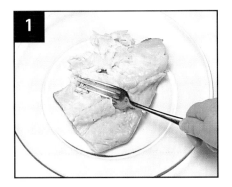

Croquetas de Pescado al Estilo Tailandés con Salsa Agridulce con Chiles

Si está a su alcance, utilice los chiles pequeñospara la salsa. Son bastante picantes, así que retire las semillas si lo desea.

Para 4 personas

INGREDIENTES

450 g de pescado blanco firme como la merluza, eglefino o el bacalao, sin piel y cortado en trozos

1 cucharada de salsa tailandesa de pescado

1 cucharada de pasta de curry rojo (ver Gambas al Curry Rojo pág 102)

1 hoja de lima kafir, finamente picada

2 cucharadas de cilantro fresco picado

1 huevo

1 cucharadita de azúcar moreno una pizca de sal

40 g de judías verdes cortadas en rodajas

aceite vegetal para freir

SALSA AGRIDULCE:

4 cucharadas de azúcar

1 cucharada de agua fría

3 cucharadas de vinagre de arroz blanco

2 chiles pequeños picantes finamente picados

1 cucharada de salsa de pescado

1 En el recipiente de una batidora coloque el pescado, la salsa de pescado, la pasta de curry, la hoja de lima, el cilantro, el huevo, el azúcar y la sal y mezcle hasta obtener una pasta suave. Vierta el contenido en un recipiente de cristal y añada las judías verdes. Ponga a un lado.

2 Para preparar la salsa, ponga el azúcar, el agua y el vinagre de arroz en un cazo y caliente a fuego lento hasta que el azúcar se haya disuelto. Hierva y deje cocer a fuego lento otros 2 minutos. Retire el cazo del fuego y añada los chiles y la salsa de pescado y deje enfriar.

3 En una sartén vierta suficiente aceite para cubrir bien la base y ponga a calentar. Divida la mezcla de pescado en 16 bolitas. Aplaste las bolitas para hacer croquetas y fría en el aceite caliente durante 1 ó 2 minutos por cada lado hasta que se doren. Escurra en papel absorbente. Sirva caliente con la salsa.

SUGERENCIA

No es necesario que utilice el mejor corte de pescado blanco para esta receta, ya que los otros sabores son muy fuertes. Utilice el pescado más económico.

Croquetas de Cangrejo Maryland con Salsa de Albahaca y Tomate

Estas croquetas tienen suficiente carne, por lo tanto, son muy ligeras. Puede acompañarlas con una salsa caliente de albahaca y tomate, pero son también deliciosas con una mayonesa de buena calidad.

Para 4 personas

INGREDIENTES

225 g de patatas cortadas en trozos
450 g de carne de cangrejo marrón
   y blanca cocida
6 cebolletas finamente cortadas
1 chile rojo pequeño sin semillas
   y finamente picado
3 cucharadas de mayonesa

2 cucharadas de harina común
1 huevo ligeramente batido
115 g de pan blanco fresco rallado
aceite vegetal para freír
sal y pimienta
rodajas de limón y eneldo para
   servir

SALSA:
5 cucharadas de aceite de oliva
1 cucharada de zumo de limón
1 tomate grande maduro, pelado,
   sin semillas y cortado en trocitos
3 cucharadas de albahaca fresca
sal y pimienta

1 Cueza las patatas en suficiente agua con sal unos 15 ó 20 minutos hasta que estén tiernas. Escurra bien para hacer un puré.

2 En un recipiente de cristal grande, mezcle la carne de cangrejo, las cebolletas, el chile y la mayonesa. Añada el puré de patatas, sazone y mezcle todo muy bien. Divida la mezcla en 8 croquetas.

3 Ponga la harina, el huevo y el pan rallado en tres platos diferentes. Introduzca las croquetas primero en la harina, luego en el huevo y finalmente en el pan rallado para rebozarlas. Meta en el frigorífico 30 minutos.

4 Cubra el fondo de una sartén con suficiente aceite vegetal y ponga a calentar. Introduzca las croquetas en lotes, si puede, y fría durante 3 ó 4 minutos por cada lado hasta que estén doradas y crujientes. Escurra en papel absorbente y conserve calientes mientras fríe el resto.

5 Mientras tanto, prepare la salsa. En un cazo ponga el aceite, el zumo de limón y el tomate y cueza a fuego lento 2 ó 3 minutos. Retire del fuego y añada la albahaca y el condimento.

6 Divida las croquetas en 4 platos. Cúbralas con la salsa y sirva de inmediato.

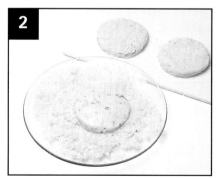

Salmón Curado con Lima y Albahaca

Es muy importante utilzar salmón fresco para este plato. La sal y el azúcar le quitan la humedad natural al pescado, dejándolo crudo pero curado y con mucho sabor.

Para 6 personas

INGREDIENTES

900 g de filete de salmón muy fresco, sin cabeza y sin piel
50 g de azúcar
50 g de sal marina
5 cucharadas de albahaca fresca picada
la piel rallada de dos limas
1 cucharadita de granos de pimienta blanca ligeramente triturados

SALSA:
200 ml de vinagre de arroz
5 cucharadas de azúcar
la piel rallada de una lima
$^1/_2$ cucharadita de mostaza inglesa
3 cucharadas de albahaca fresca picada
1 cucharada de jengibre japonés en vinagre, finamente picado

150 g de hojas mixtas para ensalada, para servir

PARA ADORNAR:
trozos de lima
hojas de albahaca

1 Retire cualquier espina que quede en el salmón. Lave y seque el pescado. Colóquelo en un recipiente grande que no sea de metal y espolvoree con el azúcar, la sal, la albahaca, la piel de lima y los granos de pimienta. Cubra y conserve en el frigorífico de 24 a 48 horas volviéndolo de vez en cuando.

2 Para preparar la salsa, ponga el vinagre de arroz y el azúcar en un cazo y cueza a fuego lento removiendo todo el tiempo hasta que el azúcar se disuelva. Hierva y cueza a fuego lento otros 5 ó 6 minutos hasta que el líquido se reduzca en un tercio. Retire del fuego y añada la piel de lima y la mostaza. Deje a un lado.

3 Saque el salmón de la marinada y quite el exceso de marinada con papel absorbente. Corte en rodajas delgadas.

4 Mezcle la albahaca cortada y el jengibre con la salsa. Cubra las hojas para la ensalada con un poquito de la mezcla y arregle en 6 platos. Divida las rodajas de salmón en partes iguales, colóquelas en los platos y salpique con un poco de la salsa. Adorne con los trozos de lima y las hojas de albahaca.

Huevos Revueltos con Salmón Ahumado al Calor

El salmón ahumado al calor se consigue cada vez con más facilidad y es muy especial. A diferencia del salmón ahumado convencional, este pescado es ahumado en un ambiente caliente para que la carne se cueza de la manera tradicional pero dejándole un sabor ahumado estupendo. Este pescado es particularmente jugoso y tierno.

Para 4 personas

INGREDIENTES

50 g de mantequilla
8 huevos ligeramente batidos
4 cucharadas de nata para montar
225 g de salmón ahumado al calor
    sin piel, sin espinas y desmenuzado

2 cucharadas de hierbas mixtas
    frescas picadas, como cebollinos,
    albahaca, perejil
4 bollos de pan cortados por la mitad
mantequilla para untar

sal y pimienta
cebollinos frescos picados, para
    adornar
trozos de limón, para acompañar

1 En una sartén grande ponga a derretir la mantequilla y agregue los huevos cuando la mantequilla comience a espumar. Deje un momento para que los huevos se cuezan un poco. Revuelva lentamente despegando el lado cocido del fondo de la sartén para que el huevo crudo corra por debajo. Deje un momento y repita esta operación.

2 Antes de que se cuezan los huevos por completo, añada la nata agria, el salmón desmenuzado y las hierbas picadas y mezcle todo bien. No cueza los huevos demasiado tiempo.

3 Mientras tanto, tueste los bollos de pan por ambos lados. Unte con más mantequilla si lo desea. Coloque 2 bollos por plato.

4 Cuando los huevos estén cocidos, divida en partes iguales sobre los bollos de pan. Esparza los cebollinos picados, sazone y sirva caliente con un trozo de limón.

VARIACIÓN

Si no puede conseguir el salmón ahumado al calor, utilice salmón ahumado convencional cortado.

Salmón Ahumado a la Plancha

Para esta receta es mejor comprar paquetes de salmón en lonchas delgadas,
ya que éstas se doblan más fácilmente que el salmón fresco rebanado.

Para 4 personas

INGREDIENTES

350 g de salmón ahumado
  en lonchas
1 cucharadita de mostaza de Dijon
1 diente de ajo machacado

2 cucharaditas de eneldo fresco
  picado
2 cucharaditas de vinagre de jerez
4 cucharadas de aceite de oliva

114 g de hojas mixtas para ensalada
sal y pimienta

1 Doble cada loncha de salmón en forma de acordeón para hacer paquetes pequeños.

2 Con un batidor de mano mezcle la mostaza, el ajo, el eneldo, el vinagre y el condimento. Vierta el aceite de oliva poco a poco para que emulsione ligeramente.

3 Caliente una plancha con surcos hasta que empiece a humear. Ase el salmón por un solo lado 2 ó 3 minutos hasta que esté caliente y marcado por la plancha.

4 Mientras tanto, sazone las hojas mixtas con la vinagreta y sirva en 4 platos. Cúbralas con el salmón asado y con el lado marcado hacia arriba. Salpique con el resto de la salsa.

SUGERENCIA

El salmón ahumado es muy caro,
así que puede utilizar también
trucha ahumada.

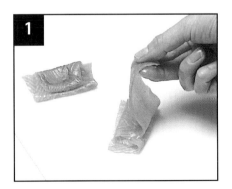

Salmón Tártara

*Es muy importante que utilice el pescado más fresco que consiga para este plato. El pescado no se va
a cocer sino a curar con zumo de lima y limón, lo que le da la apariencia y textura de haber sido cocido.*

Para 6 personas

INGREDIENTES

900 g de filete de salmón muy fresco
   sin piel
3 cucharadas de zumo de limón
3 cucharadas de zumo de lima
2 cucharaditas de azúcar
1 cucharadita de mostaza de Dijon
1 cucharada de eneldo fresco picado

1 cucharada de albahaca fresca picada
2 cucharadas de aceite de oliva
50 g de roqueta
un puñado de hojas de albahaca
50 g de hojas mixtas para ensalada
sal y pimienta

PARA ADORNAR:
ramitas de eneldo
hojas de albahaca

1 Corte el salmón en trocitos muy
pequeños y sazone. Colóquelos
en un recipiente grande de cristal.

2 Mezcle el zumo de limón y de
lima, el azúcar, la mostaza, el
eneldo, la albahaca y el aceite de oliva.
Vierta sobre el salmón y mezcle todo
bien. Deje reposar unos 15 ó 20
minutos hasta que el pescado se
torne opaco.

3 Mientras tanto, mezcle las hojas
de roqueta, de albahaca y las
mixtas. Colóquelas en los platos.

4 Para servir el salmón, llene
un potecito redondo con la
mezcla y déle la vuelta en el centro
de las hojas de ensalada. Adorne
con ramitas de eneldo y hojas
de albahaca.

VARIACIÓN

*El eglefino también
responde bien a este
tratamiento. Utilice
la mitad de la
cantidad de salmón y
añada el mismo peso de eglefino.*

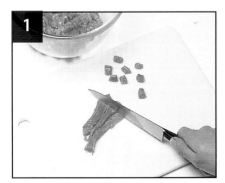

Gravadlax

Para esta receta necesitará dos filetes de salmón de tamaño parecido.
Pídale al pescadero que le quite todas las espinas y que escame el pescado.

Para 6 personas

INGREDIENTES

2 x 450 g de filetes de salmón
  con su piel
6 cucharadas de eneldo fresco cortado
  ligeramente
115 g de sal marina

50 g de azúcar
1 cucharada de granos de pimienta
  blanca ligeramente triturados
12 rebanadas de pan integral untado
  con mantequilla, para acompañar

PARA ADORNAR:
trozos de limón
ramitos de eneldo

1 Lave los filetes de salmón y séquelos con papel absorbente. Coloque un filete con la piel hacia abajo en una fuente que no sea de metal.

2 Mezcle el eneldo, la sal, el azúcar y la pimienta. Vierta esta mezcla sobre el filete y coloque el segundo filete encima con la piel hacia arriba. Cúbralos con un plato del mismo tamaño y póngales peso encima (3 ó 4 latas de tomate o algo parecido).

3 Conserve en el frigorífico durante 2 días dando vueltas al pescado cada 12 horas y esparciéndole encima el jugo que haya soltado.

4 Saque el salmón de la salmuera y córtelo en lonchas finas sin llegar a rebanar la piel. Corte el pan en triángulos y sirva con el salmón. Adorne con los trozos de limón y los ramitos de eneldo.

SUGERENCIA

Puede quitar la salmuera con un cepillito antes de cortar el salmón en lonchas, pero tenga cuidado de dejar algo de la línea verde alrededor ya que hace al plato más atractivo y, además, tiene mucho sabor.

Tortilla de Cangrejo al Estilo Tailandés

No se desanime por la cantidad de ingredientes.
Esta tortilla se sirve fría y, por lo tanto, la puede hacer con anticipación.

Para 4 personas

INGREDIENTES

225 g de carne de cangrejo, fresca o descongelada
3 cebolletas finamente picadas
1 cucharada de cilantro fresco
1 cucharada de cebollinos frescos
una pizca de pimienta de cayena
1 cucharada de aceite vegetal
2 dientes de ajo machacados

1 cucharadita de jengibre fresco y rallado
1 chile rojo sin semillas y finamente picado
2 cucharadas de zumo de lima
2 hojas de lima, desmenuzadas
2 cucharaditas de azúcar

2 cucharaditas de salsa tailandesa de pescado
3 huevos
4 cucharadas de crema de coco
1 cucharadita de sal
1 cucharada de aceite vegetal
cebolletas cortadas a lo largo para adornar

1 Coloque el cangrejo en un recipiente de cristal grande y verifique que no tenga pedacitos de caparazón. Añada las cebolletas, el cilantro, los cebollinos y la pimienta y ponga aparte.

2 En una sartén, caliente el aceite vegetal y agregue el ajo, el jengibre y el chile y saltee durante 3 segundos. Añada el zumo de limón y las hojas de lima, el azúcar y la salsa de pescado. Cueza a fuego lento 3 ó 4 minutos hasta que la mezcla se reduzca. Retire del fuego y deje enfriar. Agregue

la mezcla de cangrejo y ponga aparte.

3 Bata los huevos ligeramente con la crema de coco y la sal. En una sartén, caliente el aceite a fuego moderado. Vierta la mezcla de huevo y, cuando el huevo empiece a cuajar doble los bordes hacia el centro para que el huevo crudo corra hacia el fondo de la sartén.

4 Cuando el huevo esté casi listo, coloque la mezcla de cangrejo en el centro. Cueza 1 ó 2 minutos para que el huevo se termine de cocer. Luego saque la tortilla y colóquela en un plato.

Deje enfriar y luego conserve en el frigorífico 2 ó 3 horas o durante la noche. Corte en cuatro pedazos y adorne con las cebolletas.

SUGERENCIA

También puede servir la tortilla caliente. Una vez que agregue el cangrejo cueza otros 3 ó 4 minutos para que la mezcla se cueza y sirva de inmediato.

Sopas y Estofados

Es razonable usar pescados y mariscos en sopas y estofados. En primer lugar, no requieren mucha cocción, de modo que son ideales como parte de una cena entre semana y, por otra parte, se pueden combinar con innumerables sabores.

En muchas partes del mundo el pescado es un producto básico de la dieta diaria. En el presente capítulo, se incluyen platos provenientes de muchos lugares. Sin embargo, no tiene de qué preocuparse, la mayoría de los ingredientes, por extraños que le parezcan, se consiguen en los grandes supermercados o en tiendas especializadas. Entre las sopas que componen la variedad de recetas de esta sección se encuentran la Sopa de Pescado al Estilo Tailandés, Laksa (crema) de Mariscos al Estilo Malasio y la Sopa de Cangrejo y Maíz Dulce al Estilo Chino. Algunas de las sopas tienen un sabor muy delicado, como es el caso de la Crema de Vieiras, de modo que pueden servirse como primer plato en una reunión.

Otras, como el Cullen Skink (Crema Escocesa), son más sustanciosas y pueden servirse como plato principal. Asimismo, esta sección dispone de una gran selección de estofados y currys para su elección; las Gambas al Curry Rojo, el Pescado al Curry Estilo Goano, la Cotriade y el Estofado de Pescado al Estilo Español son sólo algunos de ellos.

Sopa de Pescado al Estilo Tailandés

Este plato se conoce también como Tom Yam Gung. Es probable que en las tiendas de comida oriental consiga la salsa tom yam preparada en tarro, algunas veces lleva la etiqueta "Chiles en Aceite". Es perfectamente aceptable utilizar esta salsa, y seguramente le ahorrará algo de tiempo.

Para 4 personas

INGREDIENTES

450 ml de caldo de pollo
2 hojas de lima cortadas
un trozo de 5 cm de hierba
   de limón picada
3 cucharadas de zumo de limón
3 cucharadas de salsa tailandesa
   de pescado
2 chiles verdes pequeños, picantes,
   sin semillas y finamente picados
1/2 cucharadita de azúcar

8 setas shiitake pequeñas
   u 8 champiñones con tallo, partidos
   por la mitad
450 g de gambas crudas, peladas y
   sin venas
cebolletas para aderezar

SALSA TOM YAM:
4 cucharadas de aceite vegetal
5 dientes de ajo, finamente picados

1 chalote grande finamente picado
2 chiles rojos grandes picantes y
   secos, ligeramente cortados
1 cucharada de gambas secas
   (opcional)
1 cucharada de salsa tailandesa
   de pescado
2 cucharaditas de azúcar

1 Primero prepare la salsa tom yam. Caliente el aceite en una sartén pequeña y agregue el ajo. Fría durante unos segundos hasta que esté dorado. Sáquelo con una espumadera y ponga a un lado. Agregue el chalote al mismo aceite y fría hasta que se dore y se ponga crujiente. Sáquelo con la espumadera y ponga aparte. Añada los chiles y fría hasta que se oscurezcan. Sáquelos del aceite y escúrralos en papel absorbente. Retire la sartén del fuego y conserve el aceite.

2 En una batidora eléctrica pequeña o trituradora, triture las gambas secas, si las está usando, los chiles, el ajo y los chalotes. Triture todo muy bien hasta formar una pasta suave. Ponga la sartén con el aceite a calentar a fuego lento, vierta la pasta y caliente. Agregue la salsa de pescado y el azúcar y mezcle bien. Retire del fuego.

3 En una olla grande, caliente el caldo y 2 cucharadas de la salsa

tom yam. Incorpore las hojas de lima, la hierba de limón, el zumo de limón, la salsa de pescado, los chiles y el azúcar. Caliente a fuego lento durante 2 minutos.

4 Agregue las setas y las gambas y cueza otros 2 ó 3 minutos hasta que las gambas estén cocidas. Sirva inmediatamente con un cucharón en platos calientes y aderece con las cebolletas.

Cullen Skink

Ésta es una crema escocesa tradicional a base de eglefino ahumado y patatas.
Como el eglefino ahumado tiene un sabor fuerte, lo he mezclado con un poco de bacalao fresco.

Para 4 personas

INGREDIENTES

225 g de filetes de eglefino ahumado
   de color natural
25 g de mantequilla
1 cebolla finamente picada
600 ml de leche

350 g de patatas cortadas en
   cuadritos
350 g de bacalao sin espinas, sin piel
   y cortado en cuadritos
150 ml de nata para montar
2 cucharadas de perejil fresco picado

zumo de limón para sazonar
sal y pimienta

PARA ADORNAR:
trozos de limón
ramitos de perejil

1 Coloque los filetes de eglefino en una sartén grande y cubra con agua hirviendo. Deje 10 minutos. Escurra y reserve 300 ml del líquido. Desmenuce el pescado y retire las espinas que encuentre.

2 Caliente la mantequilla en una olla grande y agregue la cebolla. Rehogue a fuego lento 10 minutos hasta que esté blanda. Vierta la leche y hierva a fuego lento antes de agregar las patatas. Cueza otros 10 minutos.

3 Agregue el eglefino desmenuzado y el bacalao. Cueza a fuego lento durante 10 minutos hasta que el bacalao esté tierno.

4 Saque un tercio del pescado y de las patatas de la olla y póngalos en una batidora o trituraradora y mezcle hasta que estén suaves. Alternativamente, tritúrelos con una cucharilla pasándolos por un colador. Introdúzcalos de nuevo en la sopa, añada la nata, el perejil y el condimento. Pruebe y agregue un poco del zumo de limón, si lo desea. Si la sopa está muy espesa, vierta el líquido en el que coció el eglefino. Caliente a fuego lento y sirva inmediatamente.

SUGERENCIA

Compre eglefino Finnan si lo consigue. No utilice eglefino teñido de amarillo, ya que con frecuencia es pescadilla y no eglefino.

Chowder de Almejas Nueva Inglaterra

Chowder es una sopa espesa a base de leche y patatas a la que se le añaden otros ingredientes.
Ésta es una versión clásica de Nueva Inglaterra, con sabor a almejas frescas.

Para 4 personas

INGREDIENTES

900 g de almejas vivas
4 lonchas de tocino con grasa sin
la piel del borde, cortadas
25 g de mantequilla
1 cebolla picada
1 cucharada de tomillo fresco picado

1 patata grande partida en trocitos
1 hoja de laurel
300 ml de leche
150 ml de nata para montar
1 cucharada de perejil fresco picado
sal y pimienta

reserve 8 almejas en sus conchas para
adornar (ver Sugerencia)

1 Restriegue las almejas y póngalas
en una olla grande con un poco
de agua. Cueza a fuego alto 3 ó 4
minutos hasta que las almejas se hayan
abierto. Deseche las que permanezcan
cerradas. Escúrralas y conserve el
líquido. Póngalas aparte hasta que
se hayan enfriado.

2 Saque las almejas de las conchas
y pártalas en trozos si son
grandes, deje a un lado.

3 En una olla limpia, rehogue el
tocino hasta que esté dorado y

crujiente. Escurra en papel absorbente.
Agregue la mantequilla a la olla y cuando
se derrita añada la cebolla. Cueza 4
ó 5 minutos hasta que estén blandas pero
no doradas. Agregue el tomillo y cueza
brevemente antes de añadir las patatas, el
líquido donde se cocieron las almejas, la
leche y el laurel. Hierva y cueza a fuego
lento durante 10 minutos hasta que las
patatas estén tiernas pero enteras.

4 Transfiera todo a una batidora
y mezcle bien hasta que esté
cremoso o puede triturarlo pasando
todo por un colador.

5 Incorpore el resto de las almejas,
el tocino y la nata. Cueza a fuego
lento otros 2 ó 3 minutos hasta que
estén calientes. Sazone al gusto. Añada
el perejil picado y sirva.

SUGERENCIA

Para una presentación
elegante, reserve 8
almejas en sus conchas
y colóquelas en pares
en el centro del plato de
sopa antes de servir.

Laksa (crema) de Mariscos al Estilo Malasio

Como muchos platos orientales, la lista de ingredientes es sorprendentemente larga, pero no se desanime.

Para 4 personas

INGREDIENTES

8 gambas gigantes crudas
1 calamar pequeño y limpio
  de unos 115 g
4 cucharadas de aceite vegetal
900 ml de caldo de pollo
225 g de fideos al huevo medianos
115 g de judías germinadas
una lata de 400 ml de leche de coco
2 cucharaditas de azúcar mascabado
1 cucharadita de sal

PASTA DE ESPECIAS LAKSA:
3 chiles rojos grandes secos
25 g de gambas secas (opcional)
2 tallos de hierba de limón, cortados
25 g de nueces de macademia
2 dientes de ajo picados
2 cucharaditas de jengibre fresco
  picado
1 cucharadita de cúrcuma
1 cebolla pequeña picada
1 cucharadita de cilantro molido

3 cucharadas de agua

PARA ADEREZAR:
55 g de pepino cortado en
  bastoncillos
1 cucharada de cilantro fresco
  cortado
1 cucharada de menta fresca cortada
4 cebolletas finamente picadas
1 chile rojo cortado en aros
1 lima cortada en 4 pedazos

1 Para preparar la pasta laksa, coloque los chiles secos en un recipiente y cúbralos con suficiente agua hirviendo. Deje remojar unos 10 minutos hasta que estén blandos. Escurra y quíteles las semillas, si lo prefiere. Colóquelos en una batidora eléctrica con el resto de los ingredientes y mezcle hasta formar una pasta suave. Ponga aparte.

2 Pele las gambas y quíteles las venas. Por un lado, corte el calamar a lo largo y ábralo completamente. Con mucho cuidado hágale unas ranuras verticales con un cuchillo afilado y luego unas horizontales. Esto ayuda a dejar las carne tierna. Corte en cuadrados de 2,5 cm y deje aparte.

3 Caliente el aceite vegetal en una olla grande y sofría la pasta de especias a fuego lento unos 5 ó 6 minutos hasta que desprenda un olor intenso. Vierta el caldo y hierva, cubra y cueza a fuego lento durante 20 minutos.

4 Cueza los fideos siguiendo las instrucciones del paquete, escurra bien y ponga a un lado. Escalde las judías 1 minuto y refresque con suficiente agua fría. Escurra y déjelas a un lado con los fideos.

5 Vierta la leche de coco al caldo y cueza a fuego lento 3 minutos. Añada las gambas, el calamar, el azúcar y la sal y siga cociendo sólo 4 minutos más hasta que los mariscos estén tiernos.

6 Coloque los fideos y las judías en cuatro platos de sopa previamente calientes. Con un cucharón écheles la sopa encima y aderece cada plato con pepino, cilantro, menta, cebolletas, chile rojo y los trozos de lima. Lo que le quede sírvalo en platos pequeños.

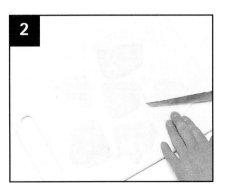

Sopa de Cangrejo y Maíz Dulce al Estilo Chino

Esta sopa es una variación de la clásica sopa china de pollo y maíz.
Pero el delicado sabor del cangrejo le va muy bien.

Para 4 personas

INGREDIENTES

1 cucharada de aceite vegetal
1 cebolla pequeña finamente picada
1 diente de ajo finamente picado
1 cucharadita de jengibre fresco

1 chile rojo pequeño sin semillas y finamente picado
2 cucharadas de jerez seco o vino de arroz chino
225 g de carne blanca de cangrejo fresco

una lata de 326 g de maíz, escurrido
600 ml de caldo de pollo
1 cucharada de salsa clara de soja
2 cucharadas de cilantro fresco picado
2 huevos batidos
sal y pimienta

1 Caliente el aceite en una olla grande y agregue la cebolla. Cueza a fuego lento durante 5 minutos hasta que se ablande. Agregue el ajo, el jengibre y el chile y cueza otro minuto.

2 Vierta el jerez o el vino de arroz y hierva hasta que se reduzca a la mitad. Añada el cangrejo, el maíz, el caldo de pollo y la salsa de soja. Lleve a ebullición y cueza a fuego lento durante 5 minutos. Agregue el cilantro y sazone al gusto.

3 Retire del fuego y vierta los huevos. Espere unos segundos y luego remueva muy bien para romper los huevos en tiritas. Sirva inmediatamente, aderece con flores de chile.

SUGERENCIA

Para su comodidad puede utilizar carne de cangrejo enlatada. Asegúrese de escurrirla bien antes de añadirla a la sopa.

Crema de Vieiras

*Ésta es una sopa con un sabor muy delicado y, como todas las sopas de pescado, no debe cocerse demasiado.
Un salpicado de perejil picado hace un buen contraste con el color crema de la sopa.*

Para 4 personas

INGREDIENTES

50 g de mantequilla
1 cebolla finamente picada
450 g de patatas cortadas en trocitos
600 ml de caldo caliente de pescado

350 g de vieiras preparadas, incluso
  corales, si los consigue
300 ml de leche
2 yemas de huevo

90 ml de nata para montar
sal y pimienta
1 cucharada de perejil fresco picado
  para aderezar

1 Derrita la mantequilla en una olla grande a fuego lento. Agregue las cebollas y cueza a fuego muy lento durante 10 minutos, hasta que las cebollas estén blandas pero no doradas. Añada las patatas y el condimento, cubra y cueza otros 10 minutos a fuego muy lento.

2 Vierta el caldo caliente de pescado, hierva y cueza a fuego lento de 10 a 15 minutos, hasta que las patatas estén tiernas.

3 Mientras tanto, prepare las vieiras. Si cuenta con corales córtelos ligeramente y déjelos a un lado. Corte las vieiras y colóquelas en otra olla con la leche. Cuézalas a fuego lento de 6 a 8 minutos hasta que estén tiernas.

4 Cuando las patatas estén cocidas, colóquelas con el líquido en una batidora eléctrica o licuadora y mezcle hasta hacer un puré. Alternativamente, páselas por un colador de nilón. Coloque la mezcla en una olla limpia con las vieiras en leche y los corales, si los está usando.

5 Con un batidor de mano bata las yemas de huevo y la nata y añada a la sopa, retire del fuego. Cueza a fuego lento de nuevo y remueva constantemente hasta que se espese un poco. No la hierva porque se corta. Sazone al gusto y sirva inmediatamente salpicada con perejil fresco.

SUGERENCIA

Esta sopa puede hacerla por adelantado sin añadir los huevos ni la nata. Agregue esto justo antes de servir la sopa.

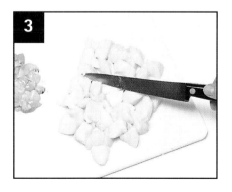

Sopa de Mejillones al Curry

Curiosamente, este plato es de origen francés. Sin embargo, en esta versión se utilizan especias recién tostadas en lugar del curry en polvo de sabor suave, popular en Francia.

Para 4 personas

INGREDIENTES

¹/₂ cucharadita semillas de cilantro
¹/₂ cucharadita semillas de comino
900 g de mejillones vivos
100 ml de vino blanco
50 g de mantequilla
1 cebolla finamente picada

1 diente de ajo finamente picado
1 cucharadita de jengibre recién
  rallado
1 cucharadita de cúrcuma
una pizca de pimienta de cayena
600 ml de caldo de pescado

4 cucharadas de nata para montar
25 g de mantequilla suave
25 g de harina
2 cucharadas de cilantro fresco
  picado, para adornar
sal y pimenta

1 Tueste las semillas de cilantro y de comino en una sartén sin aceite hasta que desprendan aroma y empiecen a saltar. Colóquelas en un mortero y con el mazo muélalas hasta hacerlas polvo.

2 Limpie los mejillones con una raspador o un cepillo y retire los filamentos que tengan pegados. Deseche los que tengan las conchas rotas o cualquiera que no se cierre cuando le dé golpecitos. Colóquelos en una olla grande con el vino; cúbralos y cueza a fuego alto 3 ó 4 minutos, y agite la olla de vez en cuando hasta que

se abran. Deseche los que permanezcan cerrados. Escúrralos y colóquelos aparte hasta que se enfríen. Conserve el líquido. Escoja dos tercios de los mejillones, sáquelos de sus conchas y póngalos aparte. Pase el líquido por un colador fino.

3 Caliente la mitad de la mantequilla en una olla grande y agregue la cebolla. Sofría unos 4 ó 5 minutos hasta que esté blanda pero no dorada. Añada el ajo y el jengibre y sofría otro minuto antes de agregar las especias molidas y tostadas, la cúrcuma y la pimienta. Siga sofriendo 1 minuto antes de añadir el

caldo de pescado, el líquido donde se cocieron los mejillones y la nata. Cueza a fuego lento 10 minutos.

4 Mezcle la mantequilla y la harina para formar una pasta espesa. Agregue la pasta a la sopa mientras se está cociendo a fuego lento y remueva hasta que se disuelva y la sopa haya espesado un poco. Agregue los mejillones y caliente durante 2 minutos. Aderece con perejil y sirva.

Sopa de Almejas y Acedera

Este plato se debe servir en pequeñas cantidades.
Es muy sustancioso y tiene mucho sabor.

Para 4 personas

INGREDIENTES

900 g de almejas vivas limpias
1 cebolla finamente picada
150 ml de vino blanco seco
50 g de mantequilla
1 zanahoria pequeña finamente
　picada

2 chalotes finamente picados
1 tallo de apio finamente picado
2 hojas de laurel
150 ml de nata para montar
25 g de acedera picada
pimienta

pan crujiente para acompañar
eneldo para aderezar

1 Coloque las almejas en una olla grande con las cebollas y el vino. Cubra y cueza a fuego alto 3 ó 4 minutos hasta que las almejas se abran. Cuele y conserve el líquido, pero deseche la cebolla. Ponga las almejas a un lado hasta que enfríen.

2 En una olla limpia derrita la mantequilla a fuego lento. Agregue la zanahoria, los chalotes y el apio y cueza a fuego lento durante 10 minutos hasta que estén blandos pero no dorados. Vierta el líquido donde se cocieron las almejas y las

hojas de laurel y cueza a fuego lento otros 10 minutos.

3 Mientras tanto, corte las almejas ligeramente si son grandes. Incorpore en la sopa con la nata y la acedera. Cueza a fuego lento 2 ó 3 minutos, hasta que la acedera se desintegre. Sazone con pimienta y sirva de inmediato con suficiente pan crujiente.

SUGERENCIA

La acedera es una hierba con una hoja grande y con un sabor a limón agrio que le va muy bien al pescado. Cada vez es más fácil conseguirla en los grandes supermercados, pero también es muy fácil de sembrar.

Estofado de Atún al Estilo Vasco

Aunque diferentes versiones de este estofado se comen a lo largo y ancho de España,
se originó en el País Vasco, en donde se preparaba y comía mayormente por pescadores.

Para 4 personas

INGREDIENTES

5 cucharadas de aceite de oliva
1 cebolla grande picada
2 dientes de ajo picados
una lata de 200 g de tomates picados

700 g de patatas cortada en cubos
de 5 cm
3 pimientos verdes sin semillas y
ligeramente cortados
300 ml de agua fría

900 g de atún fresco cortado en
trozos
4 rebanadas de pan blanco y crujiente
sal y pimienta

1 Caliente el aceite en una olla y agregue la cebolla. Cueza de 8 a 10 minutos hasta que esté blanda y dorada. Agregue el ajo y cueza otro minuto. Añada los tomates, cubra y cueza a fuego lento durante 30 minutos hasta que espese.

2 Mientras tanto, mezcle en una olla limpia las patatas y los pimientos. Vierta el agua (que apenas cubra las verduras). Hierva y cueza a fuego lento durante 15 minutos, hasta que las patatas estén casi tiernas.

3 Mezcle el atún y el tomate con las patatas y los pimientos y sazone. Cubra y cueza a fuego lento unos 6-8 minutos hasta que el atún esté tierno.

4 Mientras tanto, en una sartén grande caliente el resto del aceite a fuego moderado y agregue las rebanadas de pan. Fría por ambos lados hasta dorarlas. Escúrralas en papel absorbente y sirva con el estofado.

VARIACIÓN

Puede sustituir el atún por cualquier pescado de carne firme como el tiburón o el pez espada.

Pescado al Curry Estilo Goano

La gastronomía de Goa se caracteriza por sus platos de pescados y mariscos y vindaloo, que tienden a ser muy picantes. Éste es un plato término medio, pero con mucho sabor.

Para 4 personas

INGREDIENTES

750 g de filete de rape cortado
  en trozos
1 cucharada de vinagre de sidra
1 cucharadita de sal
1 cucharadita de cúrcuma molida
3 cucharadas de aceite vegetal
2 dientes de ajo machacados

1 cebolla pequeña finamente picada
2 cucharaditas de cilanatro molido
1 cucharadita de pimienta de cayena
2 cucharaditas de paprika
2 cucharadas de pulpa de tamarindo,
  más 2 cucharadas de agua
  hirviendo (ver método)

80 g de coco en crema cortado
  en trozos
300 ml de agua tibia
arroz blanco hervido para acompañar

1 Ponga el pescado en un plato y viértale el vinagre. Mezcle la mitad de la sal y de la cúrcuma y espolvoree por encima del pescado. Cubra y deje reposar durante 20 minutos.

2 Caliente el aceite en una sartén y agregue el ajo. Dore un poco, agregue la cebolla y sofría 3 ó 4 minutos, hasta que esté blanda pero no dorada. Agregue el cilantro molido y remueva durante 1 minuto.

3 Mezcle el resto de la cúrcuma y de la sal, la cayena y la paprika con unas 2 cucharadas de agua para hacer una pasta. Viértala en la sartén y cueza a fuego lento durante 1 ó 2 minutos.

4 Mezcle la pulpa de tamarindo y las 2 cucharadas de agua hirviendo y remueva bien. Cuando el agua esté espesa y la pulpa se separe de las semillas, pase la mezcla por un colador triturando la pulpa bien; deseche las semillas cuando termine.

5 Añada el coco, el agua tibia y la pasta de tamarindo a la olla y remueva hasta que el coco se haya disuelto. Incorpore los trozos de pescado y cualquier jugo que quede en el plato y caliente a fuego lento hasta que la salsa haya espesado y el pescado esté tierno. Sirva inmediatamente sobre arroz blanco hervido.

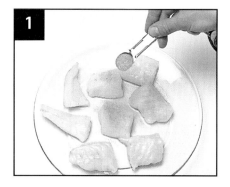

Pescado al Curry Verde Estilo Tailandés

*La pasta de curry verde pálido que se utiliza en esta receta puede servir como base
para cualquier tipo de plato tailandés. También es deliciosa con pollo y carne de ternera.*

Para 4 personas

INGREDIENTES

2 cucharadas de aceite vegetal
1 diente de ajo picado
1 berenjena pequeña cortada en
   trocitos
120 ml de crema de coco
2 cucharadas de salsa tailandesa
   de pescado
1 cucharadita de azúcar
225 g de pescado blanco de carne
   firme, como bacalao, eglefino,
   halibut, cortado en trozos

120 ml de caldo de pescado
2 hojas de lima finamente picadas
unas 15 hojas de albahaca tailandesa,
   si la consigue, o albahaca común
arroz blanco hervido o fideos para
   acompañar

PASTA DE CURRY VERDE:
5 chiles verdes frescos picados y
   sin semillas
2 cucharaditas de hierba de limón
   picada

1 chalote grande picado
2 dientes de ajo picados
1 cucharadita de jengibre recién
   rallado o galanga si la consigue
2 tallos de cilantro picado
$1/2$ cucharadita de cilantro molido
$1/4$ cucharadita de comino molido
1 hoja de lima kafir finamente picada
1 cucharadita de pasta de gamba
   (opcional)
$1/2$ cucharadita de sal

1   Prepare la pasta de curry. Ponga
    todos los ingredientes en una
batidora o trituradora y mezcle hasta
obtener una pasta suave, agregue agua
si es necesario. Alternativamente, muela
los ingredientes con un mazo en un
mortero. Deje a un lado.

2   En una sartén o un wok, caliente
    el aceite hasta que esté casi
echando humo y agregue el ajo. Sofría

hasta que se dore. Añada la pasta de
curry y sofría removiendo unos
segundos antes de incorporar la
berenjena. Siga sofriendo otros 4 ó 5
minutos hasta que se ablande.

3   Vierta la crema de coco. Hierva y
    remueva hasta que la crema espese
y se corte ligeramente. Agregue la salsa
de pescado y el azúcar. Mezcle todo
muy bien.

4   Incorpore los trozos de pescado y
    el caldo. Cueza a fuego lento 3 ó 4
minutos removiendo de vez en cuando
hasta que el pescado esté tierno. Añada
las hojas de lima y la albahaca y cueza
otro minuto. Sirva con arroz blanco
hervido o con fideos.

Caballa en Escabeche

Aunque la palabra escabeche es de origen español,
este plato se cocina de diferentes formas por todo el Mediterráneo.

Para 4 personas

INGREDIENTES

150 ml de aceite de oliva
4 filetes de caballa
2 cucharadas de harina sazonada para
   rebozar
4 cucharadas de vinagre de vino tinto
1 cebolla en rodajas finas

una tira de piel de naranja, pelada con
   un pelador de patatas
1 ramito de tomillo fresco
1 ramito de romero fresco
1 hoja de laurel fresca
4 dientes de ajo machacados

2 chiles rojos frescos, triturados
1 cucharadita de sal
3 cucharadas de hojas de perejil
   freco picadas
pan crujiente para acompañar

1 Caliente la mitad del aceite en una sartén y enharine los filetes de caballa con la harina sazonada.

2 Ponga el pescado en la sartén y rehogue unos 30 segundos por cada lado sin llegar a cocerlos del todo.

3 Coloque la caballa en un plato llano suficientemente grande como para poner los filetes uno al lado del otro.

4 Agregue el vinagre, la cebolla, la piel naranja, el tomillo, el romero, el ajo, los chiles y la sal a la sartén y cueza a fuego lento durante 10 minutos.

5 Añada el resto del aceite de oliva y el perejil picado. Vierta la mezcla sobre el pescado y deje enfriar. Sirva con suficiente pan crujiente.

VARIACIÓN

Puede sustituir la caballa por
12 sardinas enteras limpias y sin
cabeza. Cueza de la misma forma.
Los filetes de atún quedan también
deliciosos en escabeche.

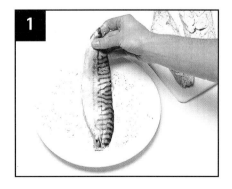

Platija
en Salsa Agridulce

Ésta es una forma muy popular de servir pescados en el Oriente Medio. Primero se fríe el pescado en abundante aceite para luego servirlo con una deliciosa salsa a base de cebollas, tomates, nueces y perejil.

Para 4 personas

INGREDIENTES

2 lenguados grandes fileteados
harina para rebozar
abundante aceite de oliva para freír,
  y 2 cucharadas más
2 cebollas en rodajas finas
115 g de avellanas picadas

50 g de piñones
50 g de uvas pasas
una lata de 225 g de tomates
  maduros sin piel y picados
2 cucharadas de vinagre de vino tinto
150 ml de agua

3 cucharadas de perejil fresco picado
sal y pimienta
patatas tempranas hervidas para
  acompañar

1 Lave y seque los filetes de pescado. Reboce ligeramente con harina. En una sartén grande, caliente a fuego moderado-alto unos 2,5 cm de aceite de oliva, suficiente para cubrir el pescado. Sumerja el pescado por completo, 2 filetes a la vez, y fría 5 ó 6 minutos; escurra en papel absorbente. Deje aparte. Fría el resto de los filetes de la misma forma.

2 Caliente las 2 cucharadas de aceite de oliva en una olla grande. Agregue las cebollas y sofría 7 ó 8 minutos hasta que se ablanden y empiecen a dorarse. Incorpore las avellanas, los piñones y las uvas pasas y sofría 1 ó 2 minutos más hasta que las nueces estén doradas. Agregue los tomates y cueza durante 5 minutos o hasta que se ablanden.

3 Vierta el vinagre y cueza a fuego lento 5 minutos. Agregue el agua, el perejil y el condimento y remueva todo bien. Cueza a fuego lento otros 5 minutos.

4 Incorpore el pescado frito a la salsa y cueza a fuego lento durante 10 minutos. Sirva con patatas tempranas hervidas.

SUGERENCIA

En el Oriente Medio, se preparan de esta manera muchos tipos de pescado, pero uno favorito es el salmonete. Los pescados pequeños se pueden dejar enteros (después de limpiarlos y escamarlos).

Eglefino Asado en Yogur

Este es un plato muy sencillo
que sólo necesita ingredientes de despensa.

Para 4 personas

INGREDIENTES

2 cebollas grandes en rodajas finas
900 g de filetes de eglefino de la
zona superior
425 ml de yogur natural
2 cucharadas de zumo de limón
1 cucharadita de azúcar
2 cucharaditas de comino molido

2 cucharaditas de cilantro molido
una pizca de garam masala
(mezcla de especias utilizadas
en la cocina india)
una pizca de pimienta de cayena,
al gusto

1 cucharadita de jengibre fresco
rallado
3 cucharadas de aceite vegetal
50 g de mantequilla fría sin sal
en trozos
sal y pimienta

1 Cubra una fuente refractaria con las rodajas de cebolla. Corte el pescado en tiras a lo ancho y colóquelo encima de la cebolla.

2 En un recipiente de cristal, mezcle el yogur, el zumo de limón, el azúcar, el comino, el cilantro, el garam masala, la cayena, el jengibre, el aceite y el condimento. Vierta esta salsa sobre el pescado asegurándose que impregna la parte de abajo del pescado también. Tape firmemente.

3 Llévelo al horno caliente a unos 190°C durante 30 minutos o hasta que el pescado esté tierno.

4 Con mucho cuidado vierta la salsa donde se coció el pescado en una olla. Hierva y cueza a fuego lento para reducir la salsa hasta que se tengan unas 350 ml. Retire del fuego.

5 Agregue los cubos de mantequilla a la salsa y bata con un batidor de mano hasta que se derritan y se

incorporen. Vierta la salsa sobre el pescado otra vez y sirva.

SUGERENCIA

Cuando le saque la salsa al pescado, ésta estará aguada y separada pero una vez que se reduzca y se mezcle con la mantequilla quedará compacta.

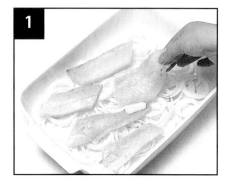

Bacalao al Estilo Italiano

Aunque este plato no es estrictamente auténtico, lleva todos los ingredientes italianos típicos:
tomates, alcaparras, aceitunas y albahaca, que lo convierten en un delicioso plato para una cena.

Para 4 personas

INGREDIENTES

2 cucharadas de aceite de oliva
1 cebolla finamente picada
2 dientes de ajo finamente picados
2 cucharaditas de tomillo fresco
  picado
150 ml de vino tinto
2 latas de 400 g de tomates picados
una pizca de azúcar

50 g de aceitunas negras deshuesadas
  finamente picadas
50 g de aceitunas verdes deshuesadas
  finamente picadas
2 cucharadas de alcaparras escurridas,
  enjuagadas y ligeramente picadas
2 cucharadas de albahaca fresca
  picada

4 filetes de bacalao de unos 175 g
150 g de queso mozarella en bolas
  escurrido y rebanado
sal y pimienta
fideos con mantequilla para
  acompañar

1 Caliente el aceite de oliva en una olla grande. Agregue la cebolla y sofría a fuego lento 5 minutos hasta que se ablande pero no se dore. Añada el ajo, el tomillo y cueza otro minuto.

2 Vierta el vino tinto y aumente el fuego. Cueza hasta que el líquido se reduzca y esté almibarado. Agregue los tomates y el azúcar y lleve a ebullición. Cubra y cueza a fuego lento durante 30 minutos. Destape y cueza otros 20 minutos hasta que espese.

Incorpore las aceitunas, las alcaparras y la albahaca, remueva y sazone al gusto.

3 Coloque los filetes de bacalao en una fuente refractaria (una fuente para lasaña es perfecta) y con una cuchara vierta la salsa encima del pescado. Ase en el horno a 190°C durante 20 ó 25 minutos hasta que el pescado esté tierno.

4 Retire del horno y coloque las rebanadas de mozzarella encima del pescado.

5 Métalo al horno otros 5 ó 10 minutos hasta que el queso se derrita. Sirva de inmediato con fideos con mantequilla.

VARIACIÓN

Este plato también queda bien con otros tipos de pescado blanco, pero si realmente quiere tirar la casa por la ventana, use rodaballo.

Bacalao al Curry

Aunque el uso de curry en pasta no es del todo auténtico, en este caso hace que la receta sea rápida y fácil de preparar.

Para 4 personas

INGREDIENTES

1 cucharada de aceite vegetal
1 cebolla pequeña picada
2 dientes de ajo picados
un trozo de jengibre fresco de unos
   2,5 cm ligeramente picado
2 tomates grandes maduros, sin piel
   y ligeramente picados

150 ml de caldo de pescado
1 cucharada de curry en pasta,
   término medio
1 cucharadita de cilantro molido
una lata de 400 g de garbanzos
   escurridos y enjuagados

750 g de filetes de bacalao cortado
   en trozos
4 cucharadas de cilantro fresco picado
4 cucharadas de yogur espeso
sal y pimienta
arroz basmati cocido al vapor para
   acompañar

1 Caliente el aceite en una olla grande y agregue la cebolla, el ajo y el jengibre. Sofría unos 4 ó 5 minutos hasta que se ablanden. Retire del fuego. Lleve la mezcla a una batidora eléctrica o una trituradora con los tomates y el caldo de pescado y mezcle hasta que esté suave.

2 Devuelva a la olla con la pasta de curry, el cilantro molido y los garbanzos. Mezcle todo y cueza a fuego lento 15 minutos hasta que espese.

3 Agregue los trozos de pescado y siga cociendo a fuego lento durante 5 minutos hasta que el pescado esté tierno. Retire del fuego y deje reposar unos 2 ó 3 minutos.

4 Añada el cilantro y el yogur. Sazone al gusto y sirva con arroz basmati cocido al vapor.

VARIACIONES

Sustituya el bacalao por gambas crudas y elimine los garbanzos.

Bacalao Salado en Casa con Garbanzos

*Este plato deberá prepararlo con dos días de antelación
para que el bacalao quede bien salado.*

Para 6 personas

INGREDIENTES

50 g de sal marina
1,5 kg de filetes de bacalao fresco
  sin espinas, sin cabeza y con piel
225 g de garbanzos secos, remojados
  durante la noche
1 chile rojo fresco
4 dientes de ajo

2 hojas de laurel
1 cucharada de aceite de oliva
300 ml de caldo de pollo
pimienta
aceite de oliva extra virgen, para
  salpicar

GREMOLATA:
3 cucharadas de perejil fresco picado
2 dientes de ajo finamente picados
piel de un limón rallada

1 Espolvoree la sal sobre ambos lados del pescado. Colóquelo en una fuente, cúbralo y refrigere 48 horas. Cuando lo vaya a cocer, retírelo del frigorífico y enjuague con suficiente agua fría. Remójelo durante 2 horas en agua fría.

2 Escurra los garbanzos, enjuáguelos bien y escúrralos otra vez. Colóquelos en una olla grande con agua (el doble de garbanzos) y cueza a fuego lento hasta que hiervan. Elimine la espuma que flote. Corte los chiles a lo largo y agréguelos a la olla con los dientes de ajo enteros y las hojas de laurel. Tape y cueza a fuego lento 1½ ó 2 horas hasta que estén bien blandos, elimine la espuma que se vaya formando.

3 Escurra el bacalao y séquelo dándole golpecitos con papel. Con una brochita de cocina unte con aceite de oliva y sazone bien con pimienta negra (pero no con sal). Cueza debajo de un grill o en una sartén o plancha con surcos caliente durante 3 ó 4 minutos por cada lado hasta que esté tierno. Mientras tanto, vierta el caldo de pollo en la olla de garbanzos y vuelva a hervir. Conserve caliente.

4 Para preparar la gremolata, mezcle el perejil, el ajo y la piel de limón rallada.

5 Sirva la sopa de garbanzos en 6 platos de sopa calientes. Coloque el bacalao asado encima de la sopa y salpíquelo con la gremolata. Eche suficiente aceite de oliva por encima y sirva.

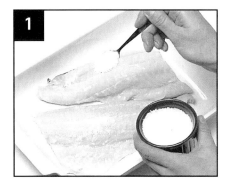
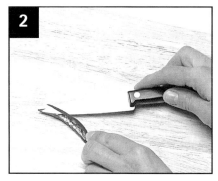

Cotriade

La Cotriade es un estofado francés de pescado y verduras sazonado con azafrán y hierbas.
Es una tradición servir el pescado y las verduras aparte de la sopa.

Para 6 personas

INGREDIENTES

una buena pizca de azafrán
600 ml de caldo caliente de pescado
1 cucharada de aceite de oliva
25 g de mantequilla
1 cebolla en rodajas
2 dientes de ajo picados
1 puerro en rodajas

1 bulbo de hinojo pequeño cortado
  en trozos
450 g de patatas cortadas en trozos
150 ml de vino blanco seco
1 cucharada de hojas de tomillo
  fresco
2 hojas de laurel

4 tomates maduros sin piel y picados
900 g de pescado variado como el
  eglefino, la merluza, el salmonete
  o el mújol en trozos
2 cucharadas de perejil fresco picado
sal y pimienta
pan crujiente para acompañar

1 Con un mortero y un mazo triture el azafrán y añádalo al caldo de pescado. Remueva y déjelo en infusión 10 minutos como mínimo.

2 En una olla grande caliente el aceite y la mantequilla. Agregue la cebolla y sofría a fuego lento 4 ó 5 minutos hasta que se ablande. Incorpore el ajo, el puerro, el hinojo y las patatas. Cubra y rehogue durante 10 ó 15 minutos hasta que las verduras estén blandas.

3 Vierta el vino y deje hervir vivamente durante 3 ó 4 minutos hasta que se reduzca a la mitad. Añada el tomillo, las hojas de laurel y los tomates y remueva bien. Agregue la infusión de pescado y azafrán. Hierva, tape y cueza a fuego lento 15 minutos hasta que las verduras estén tiernas.

4 Agregue el pescado, vuelva a hervir y cueza a fuego lento otros 3 ó 4 minutos hasta que el pescado esté tierno. Espolvoree el perejil y sazone al gusto. Con una espumadera sacar el pescado y las verduras y disponerlos sobre una fuente caliente. Servir la sopa con suficiente pan crujiente.

VARIACIÓN

Una vez que el pescado y las verduras estén cocidos el líquido se puede batir y colar para obtener una sopa suave de pescado.

Estofado de Calamares

Este sustancioso y colorido estofado de calamares se cuece a fuego lento en una salsa de tomates y vino tinto. El calamar queda muy tierno.

Para 4 personas

INGREDIENTES

750 g de calamares
3 cucharadas de aceite de oliva
1 cebolla picada
3 dientes de ajo finamente picados

1 cucharadita de hojas frescas de tomillo
una lata de 400 g de tomates picados
150 ml de vino tinto

300 ml de agua
1 cucharada de perejil fresco picado
sal y pimienta

1 Para preparar el calamar entero, sostenga el cuerpo firmemente y sujete los tentáculos dentro del cuerpo. Tire fuertemente para sacar las tripas. Busque la "espina dorsal" transparente y sáquela. Sujete las aletas laterales y tire hasta quitarle la piel exterior. Corte los tentáculos justo debajo de la boca y póngalos aparte. Lave el cuerpo y los tentáculos bajo suficiente agua. Corte el calamar en aros. Escurra en papel absorbente.

2 Caliente el aceite en una cazuela refractaria grande. Incorpore los calamares preparados y rehogue a fuego mediano removiendo de vez en cuando hasta que estén un poco dorados.

3 Reduzca la llama y agregue la cebolla, el ajo y el tomillo. Rehogue durante 5 minutos hasta que se ablanden.

4 Añada los tomates, el vino tinto y el agua y remueva. Hierva y meta en el horno caliente a 140°C durante 2 horas. Agregue el perejil, remueva y sazone al gusto.

VARIACIONES

Este estofado sirve de base para preparar un plato más sustancioso. Antes de agregar el perejil, añada vieiras, trozos de filetes de pescado, gambas gigantes o incluso langosta cocida. Hiérvalo otros 2 minutos. Agregue el perejil y el condimento.

Estofado de Pescado al Estilo Español

Éste es un plato catalán muy llamativo en el que se utilizan dos métodos de cocción clásicamente españoles: el sofrito, una mezcla de verduras rehogadas a fuego lento, y la picada, una mezcla generalmente de almendras, pan y ajo que se usa para espesar el estofado.

Para 6 personas

INGREDIENTES

5 cucharadas de aceite de oliva
2 cebollas grandes finamente picadas
2 tomates maduros sin piel, sin
   semillas y picados en trocitos
2 rebanadas de pan blanco sin corteza
4 almendras tostadas
3 dientes de ajo ligeramente picados

350 g de langosta cocida
200 g de calamar limpio
200 g de filetes de rape
200 g de filetes de bacalao sin piel
1 cucharada de harina común
6 gambas gigantes crudas
6 langostinos

18 mejillones vivos, lavados y sin
   filamentos
8 almejas grandes vivas y lavadas
1 cucharada de perejil fresco picado
120 ml de brandy
sal y pimienta

1 Caliente 3 cucharadas de aceite en una sartén, agregue las cebollas y sofría lentamente de 10 a 15 minutos hasta que estén ligeramente doradas. Agregue un poquito de agua para evitar que se peguen, si es necesario. Añada los tomates y cueza hasta que se desintegren y el aceite se haya separado.

2 Caliente 1 cucharada del resto del aceite y sofría las rebanadas de pan hasta que estén crujientes. Córtelas en pedazos y colóquelos en un mortero con las almendras y 2 dientes de ajo.

Triture hasta obtener una pasta. Alternativamente, mezcle en una picadora eléctrica.

3 Para preparar la langosta, córtela a lo largo. Elimine la vena instestinal que va por la cola, el saco estomacal y las agallas tipo esponjas. Rompa las pinzas y saque la carne. Saque la carne de la cola y córtela en trozos grandes. Corte los calamares en aros.

4 Sazone el rape, el bacalao y la langosta y espolvoree con un poco

de harina. En una sartén, caliente el resto del aceite y dore el pescado por separado: primero el rape, luego el bacalao, después la langosta y siga con el calamar, las gambas y los langostinos. Vaya colocándolos en una cazuela refractaria a medida que los va dorando.

5 Añada los mejillones y las almejas al pescado. Agregue el resto del ajo y el perejil y coloque la cazuela a fuego lento. Vierta el brandy por encima y préndale fuego. Cuando las llamas se apaguen, incorpore la mezcla de tomate y suficiente agua para cubrirlos. Hierva y cueza a fuego lento 3 ó 4 minutos hasta que los mejillones y las almejas se abran. Elimine los que permanezcan cerrados. Añada la mezcla de pan y sazone al gusto. Cueza a fuego lento otros 5 minutos hasta que el pescado esté tierno.

Tagina de Pescado al Estilo Marroquí

*Una tagina es una cazuela de barro con una tapa en forma de cúpula que tiene
un orificio en la parte superior. Pero puede cocer este plato en cualquier olla.*

Para 4 personas

INGREDIENTES

2 cucharadas de aceite de oliva
1 cebolla grande finamente picada
una buena pizca de azafrán
$^1/_2$ cucharadita de canela molida
1 cucharadita de cilantro molido
$^1/_2$ cucharadita de comino molido

$^1/_2$ cucharadita de cúrcuma
una lata de 200 g de tomates picados
300 ml de caldo de pescado
4 salmonetes pequeños limpios, sin
espinas ni cabeza ni cola
50 g de aceitunas verdes deshuesadas

1 cucharada de limón preservado
picado
3 cucharadas de cilantro fresco picado
sal y pimienta
couscous para acompañar

1 Caliente el aceite de oliva en una olla grande o cazuela refractaria. Agregue la cebolla y cueza a fuego lento 10 minutos hasta que se ablande. Agregue el azafrán, la canela, el cilantro, el comino y la cúrcuma y cueza otros 30 segundos removiendo todo el tiempo.

2 Añada el tomate picado y el caldo de pescado y mezcle bien. Hierva, cubra y cueza a fuego lento durante 15 minutos. Destape y siga cociendo de 20 a 35 minutos hasta que espese.

3 Corte cada salmonete en mitades y sumérjalos en la salsa. Cueza a fuego lento 5 ó 6 minutos hasta que el pescado esté cocido.

4 Agregue las aceitunas, el limón preservado y el cilantro picado y remueva con cuidado. Sazone al gusto y sirva con couscous.

SUGERENCIA

El limón preservado se puede hacer en casa. Tome unos limones, hágales unos cortes a lo largo sin llegar a abrirlos del todo, introdúzcalos en un frasco hasta llenarlo por completo. Agregue 50 g de sal marina por cada limón y añada algo más de sal al frasco. Vierta el jugo de otro limón y termine de llenar el frasco con agua para cubrir los limones. Deje reposar 1 mes como mínimo antes de usar.

Estofado de Sardinas

Este estofado de sardinas es original. Se cuecen con cebollas baby,
tomates, aceitunas, uvas pasas, Marsala y piñones.

Para 4 Personas

INGREDIENTES

50 g de uvas pasas
3 cucharadas de Marsala (vino oscuro
   y dulce para postres)
4 cucharadas de aceite de oliva
225 g de cebollas baby, cortadas
   por la mitad si son grandes
2 dientes de ajo picados

1 cucharada de salvia fresca picada
4 tomates grandes sin piel y picados
150 ml de caldo de pescado o de
   verduras
2 cucharadas de vinagre balsámico
450 g de sardinas frescas y limpias
25 g de aceitunas negras deshuesadas

25 g de piñones tostados
2 cucharadas de perejil fresco picado

1 Coloque las uvas pasas en un recipiente y vierta el Marsala. Deje remojar 1 hora hasta que las pasas se hayan hinchado. Escurra y conserve las uvas pasas y el Marsala.

2 Caliente el aceite de oliva en una olla grande y sofría la cebolla a fuego lento 15 minutos hasta que se dore y ablande. Agregue el ajo y la salvia y cueza otro minuto. Añada los tomates y sofría durante 2 ó 3 minutos y luego vierta el caldo, el vinagre y el Marsala. Hierva, cubra y cueza a fuego lento 25 minutos.

3 Incorpore las sardinas al estofado y cueza a fuego lento unos 2 ó 3 minutos antes de agregar las uvas pasas, las aceitunas y los piñones. Cueza a fuego lento otros 2 ó 3 minutos hasta que el pescado esté cocido. Añada el perejil y sirva inmediatamente.

VARIACIONES

Sustituya las sardinas por bacalao
salado en casa (ver página 90)
o por bacalao ahumado.

Gambas al Curry Rojo

Como todos los platos de curry tailandeses, éste tiene como base una pasta de chiles y especias y una salsa de leche de coco. Si tiene acceso a una tienda de productos tailandeses, compre la pasta ya preparada como hacen en Tailandia.

Para 4 personas

INGREDIENTES

2 cucharadas de aceite vegetal
1 diente de ajo finamente picado
1 cucharada de pasta de curry rojo
200 ml de leche de coco
2 cucharadas de salsa tailandesa
   de pescado
1 cucharadita de azúcar
12 gambas gigantes crudas sin venas
2 hojas de lima finamente picadas

1 chile rojo pequeño sin semillas y
   finamente picado en rodajas
10 hojas de albahaca tailandesa,
   si las consigue, o albahaca común

PASTA DE CURRY ROJO:
3 chiles rojos grandes secos
$^1/_2$ cucharadita de cilantro molido
$^1/_4$ cucharadita de comino molido

$^1/_2$ cucharadita de pimienta negra
   molida
2 dientes de ajo picados
2 tallos de hierba de limón picados
1 hoja de lima kafir finamente picada
1 cucharadita de jengibre fresco
   rallado o de galanga, si la consigue
1 cucharadita de pasta de gambas
   (opcional)
$^1/_2$ cucharadita de sal

1 Prepare la pasta de curry rojo. Ponga todos los ingredientes en una batidora o en una trituradora y mezcle bien hasta conseguir una pasta suave, agregue un poquito de agua si es necesario. Alternativamente, triture todos los ingredientes en un mortero hasta que estén suaves. Deje a un lado.

2 Caliente el aceite en un wok o en una sartén hasta que casi suelte humo. Agregue el ajo picado y sofría hasta dorar. Añada 1 cucharada de la pasta de curry y cueza 1 minuto.

Agregue la mitad de la leche de coco, la salsa de pescado y el azúcar. Remueva bien. La salsa debería espesar un poco.

3 Incorpore las gambas y rehogue a fuego lento 3 ó 4 minutos hasta que tomen color. Vierta el resto de la leche de coco, las hojas de lima y el chile. Cueza otros 2 ó 3 minutos hasta que las gambas estén tiernas.

4 Agregue las hojas de albahaca, remueva hasta que se pochen y sirva inmediatamente.

SUGERENCIA

Con esta receta va a obtener más pasta de curry de la que necesita, pero la puede guardar, porque se conserva bien. Mezcle un poco de esta pasta con atún enlatado y con cebolletas picadas, zumo de limón y alubias pintas para obtener un delicioso relleno para sándwich.

Gambas al Curry con Calabacines (Zucchini)

La mejor forma de abordar esta receta es preparar todo por adelantado, incluso las medidas de las especias. Así acortará el tiempo de elaboración.

Para 4 personas

INGREDIENTES

350 g de calabacines pequeños (zucchini)
1 cucharadita de sal
450 g de gambas gigantes cocidas
5 cucharadas de aceite vegetal
4 dientes de ajo finamente picados

5 cucharadas de cilantro fresco picado
1 chile verde fresco, sin semillas y finamente picado
$^1/_2$ cucharadita de cúrcuma molida
$1^1/_2$ cucharaditas de comino molido
una pizca de pimienta de cayena

una lata de 200 g de tomates picados
1 cucharadita de jengibre fresco rallado
1 cucharada de zumo de limón
arroz basmati cocido al vapor para acompañar

1 Lave y deseche las puntas de los calabacines. Corte en bastoncitos. Colóquelos en un colador y salpique con un poquito de sal. Deje a un lado por 30 minutos. Enjuáguelos, escúrralos y séquelos dándoles golpecitos con un papel absorbente. Coloque las gambas en papel absorbente para que se escurran.

2 Caliente el aceite a fuego alto en un wok o sartén. Agregue el ajo. Tan pronto como empiece a dorarse, incorpore los calabacines, el cilantro, el chile verde, la cúrcuma, el comino, la cayena, los tomates, el jengibre, el jugo de limón y el resto de la sal. Remueva bien y hierva.

3 Cubra y cueza a fuego lento unos 5 minutos. Destape y agregue las gambas.

4 Aumente el fuego al máximo y rehogue durante 5 minutos para que el líquido se reduzca y espese. Sirva inmediatamente con arroz basmati cocido al vapor y una guarnición de trozos de limón.

VARIACIÓN

Si no puede conseguir las gambas gigantes, utilice gambas peladas cocidas, pero como éstas sueltan mucho líquido deberá aumentar el tiempo de cocción final para que la salsa espese.

Ensaladas, *y* Platos de Verano Cenas

El pescado es el ingrediente perfecto para una cena entre semana porque se cuece muy rápido. Es delicioso marinado o simplemente asado a la plancha o a la parrilla y, además, es ideal en ensaladas ya sean calientes o frías.

En este capítulo, encontrará una gran variedad de recetas sencillas pero con mucho sabor, como si le hubiese costado horas prepararlas. Algunas de las ensaladas, como la Ensalada de Atún y Judías, la Ensalada de Couscous al Estilo Marroquí o la Ensalada César, son tan sustanciosas que puede servirlas como plato principal.

En cuanto a las cenas de preparación rápida se incluyen, el mejor Bacalao con Patatas Fritas, además de la Frittata de Salmón y las Croquetas de Atún. Encontrará también muchas ideas para hacer a la parrilla, como el Rape a la Parrilla, Las Vieiras a la Plancha y las Brochetas Mixtas.

Ensalada César

La ensalada César fue creada por un jefe de cocina en un gran hotel de Acapulco, México. Sin duda alguna, bien se merece el prestigio internacional.

Para 4 personas

INGREDIENTES

1 lechuga romana grande o
   2 corazones de romana
4 anchoas escurridas y cortadas por
   la mitad y a lo largo
virutas de queso parmesano para
   aderezar

SALSA:
2 dientes de ajo machacados

1¹/₂ cucharaditas de mostaza
   de Dijon
1 cucharadita de salsa inglesa
4 anchoas en aceite de oliva
   escurridas y picadas
1 yema de huevo
1 cucharada de zumo de limón
150 ml de aceite de oliva

4 cucharadas de queso parmesano
   recién rallado
sal y pimienta

CROÛTONS (PICATOSTES):
4 rebanadas gruesas de pan, del día
   anterior
2 cucharadas de aceite de oliva
1 diente de ajo machacado

1 Prepare la salsa. En una batidora eléctrica ponga el ajo, la mostaza, la salsa inglesa, las anchoas, la yema de huevo, el zumo de limón y el condimento y mezcle 30 segundos hasta que la mezcla tenga espuma. Agregue el aceite de oliva gota a gota hasta que la mezcla empiece a espesar, luego continúe con un hilo constante hasta incorporar todo el aceite. Saque la mezcla de la batidora. Añada un poquito de agua caliente si la salsa está muy espesa. Agregue el queso parmesano y remueva. Sazone al gusto

y conserve en el frigorífico hasta que vaya a usarla.

2 Para hacer los croûtons, corte el pan en cubos de 1 cm y mézclelos con el aceite y el ajo hasta cubrirlos bien. Colóquelos en un molde o bandeja para hornear. Introdúzcalos al horno caliente a 180°C por 15 ó 20 minutos, removiendo de vez en cuando hasta que los croûtons estén dorados y crujientes. Sáquelos del horno y déjelos enfriar. Póngalos a un lado.

3 Separe la lechuga romana o los corazones en hojas individuales y lávelas. Con las manos, córtelas en pedazos y séquelas en una secadora de ensaladas. Alternativamente, seque las hojas con papel absorbente. (El exceso de humedad diluirá la salsa y la ensalada quedará con sabor aguado.) Métalas en una bolsa de plástico y refrigere hasta que las necesite.

4 Para arreglar la ensalada, ponga la lechuga en una ensaladera grande. Agregue la salsa y mezcle bien hasta que todas las hojas estén cubiertas. Coloque las anchoas cortadas por la mitad, los croûtons y el queso parmesano. Sirva de inmediato mientras el pan está todavía caliente.

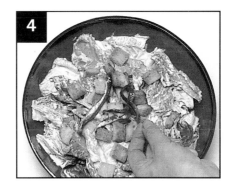

Ensalada de Couscous al Estilo Marroquí

Couscous es un tipo de semolina fina hecha de trigo. Tradicionalmente, se cuece al vapor en un couscousier (simplemente una olla grande con una vaporera que se le coloca arriba) encima de un estofado. Hoy en día, puede comprar el couscous precocido y sólo tiene que añadirle agua hirviendo.

Para 4 personas

INGREDIENTES

225 g de couscous
1 rama de canela de 5 cm
2 cucharaditas de cilantro en semillas
1 cucharadita de comino en semillas
2 cucharadas de aceite de oliva
1 cebolla pequeña finamente picada
2 dientes de ajo, finamente picados

$^1/_2$ cucharadita de cúrcuma molida
una pizca de pimienta de cayena
1 cucharada de zumo de limón
50 g de pasas sultanas
3 tomates alargados maduros picados
80 g de pepino picado
4 cebolletas picadas

una lata de atún de 200 g en aceite
  de oliva, escurrido y desmenuzado
3 cucharadas de cilantro fresco picado
sal y pimienta

1 Cueza el couscous según las instrucciones del paquete, sin agregar la mantequilla que recomiendan. Colóquelo en un recipiente grande y deje aparte.

2 Caliente una sartén pequeña y agregue la rama de canela, el cilantro y el comino en semillas. Cueza a fuego alto hasta que las semillas empiecen a saltar y desprendan su aroma. Retire del fuego y coloque las semillas en un mortero. Triture con el mazo hasta obtener un polvo fino. Alternativamente, muela en una trituradora. Deje aparte.

3 Caliente el aceite en una sartén limpia y agregue la cebolla. Sofría a fuego lento unos 7 a 8 minutos hasta que esté blanda y algo dorada. Añada el ajo y sofría otro minuto. Agregue las especias tostadas y molidas, la cúrcuma, la cayena, remueva y cueza otro minuto. Retire del fuego y vierta el zumo de limón y mezcle. Incorpore la mezcla al couscous y mezcle bien hasta que todos los granos estén cubiertos.

4 Agregue las pasas sultanas, los tomates, el pepino, las cebolletas, el atún y el cilantro picado. Sazone al gusto con sal y pimienta y mezcle bien. Deje enfriar y sirva a temperatura ambiente.

Ensalada de Atún Niçoise

Ésta es una version clásica de la ensalada francesa Niçoise.
Es una ensalada sustanciosa, ideal para un almuerzo o una cena ligera de verano.

Para 4 personas

INGREDIENTES

4 huevos
450 g de patatas tempranas
115 g de de judías verdes enanas sin
las puntas y partidas por la mitad
2 filetes de atún de 175 g
6 cucharadas de aceite de oliva, más
un poco para untar con una
brochita de cocina

1 diente de ajo machacado
1¹/₂ cucharaditas de mostaza
de Dijon
2 cucharaditas de zumo de limón
2 cucharadas de albahaca fresca
picada
2 lechugas pequeñas tipo Gem

200 g de tomates cereza partidos por
la mitad
175 g de pepino pelado cortado en
rodajas
50 g de aceitunas negras deshuesadas
una lata de anchoas en aceite de
50 g, escurridas
sal y pimienta

1 En un cazo ponga agua a hervir. Agregue los huevos y cueza de 7 a 9 minutos a partir del momento en que el agua hierva de nuevo (7 minutos para un centro blando, 9 minutos para un centro firme). Escurra y refresque bajo suficiente agua fría. Deje aparte.

2 Cueza las patatas en agua salada hirviendo de 10 a 12 minutos hasta que se ablanden. Agregue las judías 3 minutos antes de terminar el tiempo de cocción. Escurra las verduras y refresque bajo suficiente

agua fría. Escurra bien.

3 Lave y seque los filetes de atún. Con una brochita de cocina úntelos con un poquito de aceite de oliva y sazone. Cueza en una parrilla con surcos 2 ó 3 minutos por cada lado hasta que estén tiernos pero un poco rosa en el centro. Déjelos reposar.

4 Con un batidor de mano, mezcle el ajo, la mostaza, el zumo de limón, la albahaca y el condimento. Vierta el aceite de oliva.

5 Para arreglar la ensalada, corte la lechuga con las manos en pedazos grandes. Divida en cantidades iguales en los platos donde se va a servir. Ahora incorpore las patatas, las judías, los tomates, el pepino y las aceitunas. Mezcle todo ligeramente. Pele los huevos y corte en 4 a lo largo. Póngalos encima de la ensalada. Esparza las anchoas.

6 Desmenuce el atún y añádalo a la ensalada. Vierta la salsa y sirva.

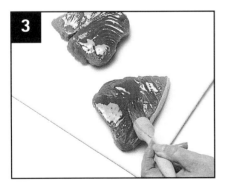

VARIACIÓN

En lugar de atún fresco puede utilizar
2 latas de 200 g de atún en aceite de
oliva, escurrido y desmenuzado.

Ensalada de Atún y Judías

No se preocupe si se le olvida dejar remojando las judías durante la noche. Colóquelas en una olla con suficiente agua, hiérvalas, apague el fuego y deje remojando tapadas unas 2 horas como mínimo.

Para 4 personas

INGREDIENTES

225 g de judías blancas secas
1 cucharada dc zumo dc limón
5 cucharadas de aceite de oliva extra
   virgen, y un poco más para untar
   con la brochita de cocina
1 diente de ajo finamente picado

1 cebolla roja pequeña finamente
   picada (opcional)
1 cucharada de perejil fresco picado
4 filetes de atún de 175 g
sal y pimienta

PARA SERVIR:
ramita de perejil
trozos de limón

1 Remoje las judías blancas durante 8 horas o durante la noche con la doble cantidad de agua, como mínimo.

2 Cuando vaya a cocerlas, escurra las judías y colóquelas en una olla con doble cantidad de agua fresca. Cueza a fuego lento hasta que hiervan y elimine la espuma que se vaya formando. Hierva rápidamente durante 10 minutos y luego cueza a fuego lento 1¼ horas o 1½ horas hasta que las judías estén blandas.

3 Mientras tanto, mezcle el zumo de limón, el aceite de oliva, el ajo y el condimento. Escurra las judías bien y añádales la mezcla de aceite de oliva, la cebolla y el perejil. Sazone al gusto y deje aparte.

4 Lave y seque los filetes de atún. Con una brochita úntelos con aceite de oliva y sazone. Ase en una plancha con surcos durante 2 minutos por cada lado de modo que quede rosa en el centro.

5 Sirva equitativamente en 4 platos. Coloque los filetes de atún encima de las judías. Sírvalos inmediatamente acompañados de ramitas de perejil y trozos de limón.

SUGERENCIA

En lugar de judías secas, puede utilizar judías enlatadas. Caliente siguiendo las instrucciones de la lata, escurra y cubra con la salsa como se explica en la receta.

Ensalada de Mariscos al Estilo Tailandés

Esta ensalada sabe mejor si se sirve bien fría.

Para 4 personas

INGREDIENTES

450 g de mejillones vivos
8 gambas gigantes crudas
350 g de calamares limpios y cortados
en aros
115 g de gambas peladas y cocidas
$^{1}/_{2}$ cebolla roja en rodajas delgadas
$^{1}/_{2}$ pimiento rojo sin semillas y
finamente picado
115 g de judías germinadas

115 g de pak choy (hojas chinas)
cortadas

SALSA:
1 diente de ajo machacado
1 cucharadita de jengibre fresco
rallado
1 chile rojo sin pepitas y finamente
picado

2 cucharadas de cilantro fresco picado
1 cucharada de zumo de lima
1 cucharadita de piel de lima rallada
1 cucharada de salsa de soja
5 cucharadas de aceite de girasol o
de cacahuete
2 cucharaditas de aceite de sésamo
sal y pimienta

1 Limpie los mejillones con un raspador o con un cepillo y retire los filamentos que tengan pegados. Colóquelos en una olla grande con sólo el agua que les queda en las conchas; cúbralos y cueza a fuego alto durante 3 ó 4 minutos, y agite la olla de vez en cuando hasta que se abran. Deseche los que permanezcan cerrados. Escúrralos y refrésquelos bajo suficiente agua fría. Escúrralos y colóquelos aparte. Conserve el líquido de cocción.

2 Hierva el líquido de cocción, agregue las gambas y cueza a fuego lento 5 minutos. Añada los calamares y cueza otros 2 minutos hasta que las gambas y los calamares estén totalmente cocidos. Con una espumadera sáquelos de la olla e introdúzcalos de inmediato en un recipiente con suficiente agua fría. Conserve el líquido de cocción. Escúrralos de nuevo.

3 Saque los mejillones de sus conchas y colóquelos en un recipiente con las gambas gigantes y las gambas cocidas y peladas. Refrigere durante 1 hora.

4 Para preparar el aderezo, coloque todos los ingredientes, salvo los aceites, en una batidora o trituradora y mezcle hasta obtener una pasta suave. Vierta los aceites, el líquido de cocción, el condimento y 4 cucharadas de agua fría. Mezcle todo muy bien.

5 Justo antes de servir, coloque la cebolla, el pimiento rojo, las judías germinadas y el pak choy en un recipiente y cúbralos con 2 ó 3 cucharadas del aderezo. Arregle las verduras en una fuente para servir. Cubra los mariscos con el aderezo restante e incorpore a las verduras. Sirva de inmediato.

Ensalada de Raya y Espinacas

Esta ensalada puede servirse como plato principal o como una entrada para 6 personas.
La raya fresca tiene un leve olor a amoníaco; si el olor es muy fuerte, no utilice el pescado.

Para 4 personas

INGREDIENTES

700 g de aletas de raya cortadas
2 ramitas de romero fresco
1 hoja de laurel fresca
1 cucharada de granos de pimienta
    negra
1 limón cortado en cuatro

450 g de hojas de espinacas tiernas
1 cucharada de aceite de oliva
1 cebolla roja pequeña en rodajas
    delgadas
2 dientes de ajo machacados
$1/2$ cucharadita de chile seco
    desmenuzado

50 g de piñones ligeramente tostados
50 g de uvas pasas
1 cucharada de azúcar mascabado
2 cucharadas de perejil fresco picado

1 Coloque las aletas de raya en una olla grande con el romero, la hoja de laurel, la pimienta y los trozos de limón. Cubra con agua fría y hierva. Tape y cueza a fuego lento 4 ó 5 minutos hasta que la carne empiece a despegarse del cartílago. Retire del fuego y deje reposar 15 minutos.

2 Saque el pescado del agua y desmenuce la carne. Deje aparte.

3 Mientras tanto, en una olla limpia cueza la espinacas con el agua que les queda en las hojas después de lavarlas a fuego alto 30 segundos o hasta que se arrugen. Escurra, refresque debajo de suficiente agua fría y escurra otra vez. Exprima cualquier exceso de agua y deje a un lado.

4 Caliente el aceite de oliva en una sartén grande. Agregue la cebolla roja y sofría 3 ó 4 minutos hasta que se ablande pero no se dore. Añada el ajo, el chile desmenuzado, los piñones, las uvas pasas y el azúcar. Rehogue 1 ó 2 minutos luego agregue las espinacas y remueva 1 minuto hasta que esté caliente.

5 Con cuidado mezcle la raya y cueza otro minuto. Sazone al gusto.

6 Sirva la ensalada en cuatro platos y espolvoree con perejil picado. Sirva de inmediato.

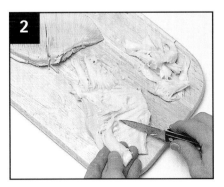

Salmonete al grill

*Trate de conseguir salmonete pequeño para este plato. Si sólo puede conseguir el grande,
sirva uno por persona y aumente el tiempo de cocción de acuerdo al tamaño.*

Para 4 personas

INGREDIENTES

1 limón rebanado finamente
2 dientes de ajo machacados
4 ramitas de perejil fresco
4 ramitas de tomillo fresco
8 hojas de salvia fresca
2 chalotes grandes rebanados
8 salmonetes pequeños limpios
8 lonchas de jamón de Parma
  (prosciutto)
sal y pimienta

SALTEADO DE PATATAS Y CHALOTES:
4 cucharadas de aceite de oliva
900 g de patatas cortadas en trocitos
8 dientes de ajo completos sin pelar
12 chalotes pequeños enteros

PARA ADEREZAR:
4 cucharadas de aceite de oliva
1 cucharada de zumo de limón
1 cucharada de hojas de perejil fresco
  picado
1 cucharada de cebollinos frescos
  picados
sal y pimienta

1 Para el salteado de patatas y chalotes, caliente el aceite de oliva en una sartén grande y agregue las patatas, los dientes de ajo y los chalotes. rehogue a fuego lento, removiendo a menudo, de 12 a 15 minutos hasta que estén dorados, crujientes y tiernos.

2 Mientras tanto, rellene las cavidades de los pescados con las rodajas de limón, en mitades si es necesario, el ajo, el perejil, el tomillo,

la salvia y los chalotes. Sazone bien. Envuelva cada pescado con el jamón de Parma (prosciutto) y asegúrelos con un mondadientes.

3 Coloque el pescado debajo de un grill caliente y cueza durante 5 ó 6 minutos de cada lado hasta que esté cocido.

4 Para hacer el aderezo, mezcle el aceite y el zumo de limón con el perejil y los cebollinos. Sazone al gusto.

5 Coloque las patatas y los chalotes en 4 platos y coloque encima el pescado. Salpique el aderezo y sirva de inmediato.

Trucha Arco Iris Escalfada

Como este plato se sirve frío, quedaría ideal como almuerzo de verano o como cena.

Para 4 personas

INGREDIENTES

4 truchas arco iris de 375 g, limpias
700 g de patatas tempranas
3 cebolletas finamente picadas
1 huevo duro picado

COURT-BOUILLON:
850 ml de agua fría
850 ml de vino blanco seco
3 cucharadas de vinagre de vino
   blanco
2 zanahorias grandes ligeramente
   partidas

1 cebolla ligeramente partida
2 tallos de apio ligeramente partidos
2 puerros ligeramente partidos
2 dientes de ajo ligeramente picados
2 hojas de laurel fresco
4 ramitas de perejil fresco
4 ramitas de tomillo fresco
6 granos de pimienta negra
1 cucharadita de sal

MAYONESA DE BERRO:
1 yema de huevo
1 cucharadita de mostaza de Dijon
1 cucharadita de vinagre de vino
   blanco
50 g de hojas de berro picadas
225 ml de aceite de oliva
sal y pimienta

1 Primero prepare el court-bouillon. Coloque todos los ingredientes en una olla grande y lleve a ebullición a fuego lento. Cubra y cueza a fuego lento unos 30 minutos. Escurra el líquido a través de un colador fino en una olla limpia. Lleve otra vez a ebullición y hierva rápido y destapado de 15 a 20 minutos, hasta que el court-bouillon se haya reducido a 600 ml.

2 Coloque la trucha en una sartén grande. Agregue el court-bouillon y hierva a fuego lento. Retire del fuego y deje el pescado en este líquido hasta que se enfríe.

3 Mientras tanto, haga la mayonesa de berro. Coloque la yema de huevo, la mostaza, el vinagre de vino, el berro y el condimento en una batidora eléctrica y mezcle durante 30 segundos hasta que haga espuma. Vierta el aceite de oliva gota a gota primero hasta que la mezcla empiece a espesar. Continúe agregando en un hilo constante hasta que haya incorporado todo el aceite. Agregue un poquito de agua caliente si la mezcla está muy espesa. Sazone al gusto y deje aparte.

4 Cueza las patatas en suficiente agua salada de 12 a 15 minutos

hasta que se ablanden y estén tiernas. Escurra bien y refrésquelas debajo de abundante agua fría. Déjelas a un lado hasta que se enfríen.

5 Cuando las patatas estén frías, córtelas por la mitad si son muy grandes y mézclalas muy bien con la mayonesa de berro, las cebolletas y el huevo duro.

6 Con mucho cuidado saque el pescado del líquido de cocción y escurra en papel absorbente. Con mucho cuidado quite la piel de cada una de las truchas y sirva inmediatamente con la ensalada de patatas.

Salmón Asado

Éste es un plato delicioso que se puede servir como parte de un almuerzo tipo bufet o como cena, se come frío o caliente.

De 8 a 10 personas

INGREDIENTES

3 kg de filetes de salmón
8 cucharadas de hierbas mixtas picadas
2 cucharadas de granos de pimienta verde en salmuera, escurridos
1 cucharadita de piel de lima rallada fina
6 cucharadas de vermouth o vino blanco seco
sal y pimienta
ramitas de perejil para adornar

SALSA DE PIMIENTOS ROJOS:
120 ml de vinagre de vino blanco
300 ml de aceite de oliva
1-2 cucharaditas de salsa de chile, para sazonar
6 cebolletas finamente rebanadas
1 pimiento anaranjado o rojo sin semillas y partido en trocitos
1 cucharada de hojas de perejil fresco picadas
2 cucharadas de cebollinos picados

MAYONESA DE ALCAPARRAS Y PEPINILLOS:
350 ml de mayonesa de buena calidad
3 cucharadas de alcaparras picadas
3 cucharadas de pepinillos finamente picados
2 cucharadas de hojas de perejil fresco picadas
1 cucharada de mostaza de Dijon

1 Lave y seque los filetes de salmón y coloque uno sobre papel de aluminio engrasado con la piel hacia abajo. Mezcle las hierbas, la pimienta, la lima y eche por encima del salmón. Sazone bien y coloque el segundo filete encima con la piel hacia arriba. Rocíe el vermouth o vino blanco. Envuelva el salmón con el papel de aluminio para que quede como un paquete.

2 Coloque el paquete en una bandeja de horno y cueza en el horno caliente a 120°C durante 1½ horas hasta que estén tiernos. Retire del horno y deje reposar 20 minutos antes de servir.

3 Mientras tanto, prepare la salsa de pimientos rojos. Bata el vinagre, el aceite de oliva y la salsa de chile al gusto. Agregue las cebolletas, el pimiento rojo, el perejil y los cebollinos. Sazone y deje aparte.

4 Para hacer la mayonesa de alcaparras y pepinillos, mezcle todos los ingredientes bien y ponga a un lado.

5 Destape el salmón y corte en rebanadas gruesas. Disponga las rebanadas en una fuente grande y sirva con la salsa de pimientos rojos y la mayonesa de alcaparras y pepinillo. Adorne con ramitas de perejil fresco.

Rape a la Parrilla

El rape se cuece muy bien a la parrilla,
porque es un pescado de carne firme.

Para 4 personas

INGREDIENTES

4 cucharadas de aceite de oliva
la piel de una lima rallada
2 cucharaditas de salsa tailandesa
   de pescado

2 dientes de ajo machacados
1 cucharadita de jengibre fresco
   rallado
2 cucharadas de albahaca fresca
   picada

700 g de filetes de rape
   cn trozos
2 limas partidas en 6 trozos
sal y pimienta

1 Mezcle el aceite de oliva, la piel de lima, la salsa de pescado, el ajo, el jengibre y la albahaca. Sazone al gusto y ponga aparte.

2 Lave y seque el pescado. Introdúzcalo en la marinada y mezcle bien. Déjelo marinar 2 horas removiendo de vez en cuando.

3 Si va a utilizar pinchos de bambú, remójelos en agua fría 30 minutos. Luego, saque los trozos de rape de la marinada y ensártelos en los pinchos, alternando un trozo de rape y uno de lima.

4 Ponga los pinchos en una barbacoa encendida o en una parrilla de surcos caliente. Ase de 5 a 6 minutos dándoles vueltas con frecuencia hasta que el pescado esté tierno. Sirva de inmediato.

VARIACIÓN

Puede utilizar cualquier
tipo de pescado de carne
blanca para este plato,
pero espolvoree los
trozos con sal y reserve
2 horas para que la carne se ponga
firme. Luego enjuague, seque e
introdúzcalos en la marinada.

Bacalao y Patatas Fritas

Éste es un plato original. Un rebozado crujiente y dorado que cubre un pescado cocido a la perfección, servido con patatas igualmente doradas y crujientes. Si nunca ha probado las patatas fritas con mayonesa, pruebe esta deliciosa versión con mostaza y quedará fascinado.

Para 4 personas

INGREDIENTES

900 g de patatas viejas
4 filetes gruesos de bacalao de 175 g
   cada uno, preferiblemente el corte
   debajo de la cabeza
aceite vegetal para freir
sal y pimienta

REBOZADO:
15 g de levadura fresca

300 ml de cerveza
225 g de harina común
2 cucharaditas de sal

MAYONESA:
1 yema de huevo
1 cucharadita de mostaza de grano
   entero
1 cucharada de zumo de limón

200 ml de aceite de oliva
sal y pimienta

PARA ADORNAR:
trozos de limón
ramitos de perejil

1 Para preparar el rebozado, mezcle la levadura con un poquito de la cerveza hasta formar una pasta suave. Vierta poco a poco el resto de la cerveza. Pase la harina y la sal por un colador, hágales un orificio en el centro y agregue la mezcla de levadura. Bata, poco a poco, con un batidor de mano hasta tener un rebozado suave. Tape y deje reposar 1 hora a temperatura ambiente.

2 Para hacer la mayonesa, coloque la yema de huevo, la mostaza, el limón y el condimento en una batidora eléctrica. Mezcle 30 segundos hasta que esté espumoso. Vierta el aceite de oliva gota a gota hasta que la mezcla empiece a espesar. Continúe agregando el aceite en un hilo constante hasta que haya incorporado todo el aceite. Compruebe la sazón. Si la mayonesa está muy espesa, agregue un poquito de agua caliente. Conserve en el frigorífico hasta que la vaya a utilizar.

3 Para preparar el pescado y las patatas, corte las patatas en palitos de unos 1,5 cm de ancho. En una olla grande, coloque aceite vegetal hasta la mitad, caliente a 140°C o hasta que un trocito de pan se dore en 1 minuto. Fría las patatas en dos lotes unos 5 minutos hasta que estén cocidas pero no doradas. Colóquelas en papel absorbente y deje aparte.

4 Aumente el fuego a 160°C o hasta que un trocito de pan se dore en 45 segundos. Sazone el pescado e introdúzcalo en el rebozado. Fría 2 piezas a la vez 7 u 8 minutos hasta que estén doradas y totalmente cocidas. Escurra en papel absorbente y conserve caliente mientras cuece el resto del pescado. Conserve caliente mientras termina de freír las patatas.

5 Aumente el fuego a 190°C o hasta que un trocito de pan se dore en 30 segundos. Fría las patatas otra vez en dos lotes durante 2 ó 3 minutos. Escurra en papel absorbente y espolvoree con sal.

6 Sirva el pescado con las patatas fritas y la mayonesa mientras estén todavía calientes. Adorne con los trozos de limón y las ramitas de perejil.

Goujons (deditos) de Eglefino

Focaccia es un pan chato italiano hecho con abundante aceite de oliva. Se le pueden incluir otros sabores también como hierbas aromáticas, tomates secados al sol y aceitunas. Se consigue fácilmente en los grandes supermercados.

Para 4 personas

INGREDIENTES

175 g de pan focaccia de hierbas
700 g de filete de eglefino sin piel
  y sin espinas
2-3 cucharadas de harina común
2 huevos ligeramente batidos
aceite vegetal para freír
trozos de limón para servir
ramitos de perejil para adornar

SALSA TÁRTARA:
1 yema de huevo
1 cucharadita de mostaza de Dijon
2 cucharaditas de vinagre de vino
  blanco
150 ml de aceite de oliva
1 cucharadita de aceitunas verdes
  finamente picadas

1 cucharadita de pepinillos finamente
  picados
1 cucharadita de alcaparras finamente
  picadas
2 cucharaditas de cebollinos frescos
  picados
2 cucharaditas de perejil fresco picado
sal y pimienta

1 Coloque la focaccia en un robot de cocina y triture hasta que se haya desintegrado. Ponga aparte. Corte el eglefino en tiritas delgadas a lo ancho, como deditos. Coloque la harina, los huevos y el pan triturado en recipientes distintos.

2 Introduzca los deditos de eglefino en la harina, luego en el huevo y finalmente en el pan hasta cubrir. Colóquelos en un plato y refrigere durante 30 minutos. Parar preparar la salsa tártara, coloque la yema de huevo,

la mostaza, el vinagre y el condimento en una batidora eléctrica. Mezcle durante 30 segundos hasta que esté espumosa. Vierta el aceite gota a gota hasta que la mezcla espese. Continúe agregando en un hilo lento constante hasta incorporar todo el aceite.

3 Coloque la mezcla en un recipiente pequeño y agregue las aceitunas, los pepinillos, las alcaparras, los cebollinos y el perejil. Sazone al gusto. Agregue un poquito de agua caliente si la salsa está muy espesa.

4 Caliente una sartén grande con abundante aceite a 190°C o hasta que un trocito de pan se dore en 30 segundos. Cueza los deditos de eglefino en lotes de 3 unos 3 ó 4 minutos hasta que el pan esté dorado y crujiente y el pescado esté cocido. Escurra bien en papel absorbente y conserve caliente mientras cocina los demás.

5 Sirva los deditos de inmediato con la salsa tártara y los trozos de limón.

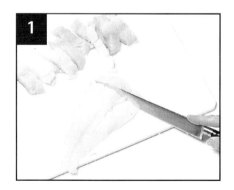

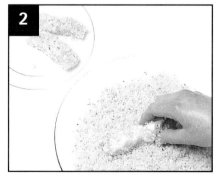

Filetes de Pez Espada

La salsa verde es una salsa clásica italiana
de hierbas, ajo y anchoas.

Para 4 personas

INGREDIENTES

4 filetes de pez espada de unos
  150 g cada uno
4 cucharadas de aceite de oliva
1 diente de ajo machacado
1 cucharadita de piel de
  limón
trozos de limón para adornar

SALSA VERDE:
25 g de hojas de perejil fresco
15 g de hierbas mixtas como
  albahaca, menta, cebollinos
1 diente de ajo picado
1 cucharada de alcaparras, escurridas
  y enjuagadas

1 cucharada de granos de pimienta
  verde en salmuera, escurridos
4 anchoas en aceite, escurridas y
  ligeramente picadas
1 cucharadita de mostaza de Dijon
120 ml de aceite de oliva extra virgen
sal y pimienta

1 Lave y seque el pescado y
  colóquelo en una fuente que no
sea de metal. Mezcle el aceite de oliva,
el ajo y la piel de limón. Vierta sobre el
pescado y deje marinar 2 horas.

2 Para preparar la salsa verde,
  coloque las hojas de perejil, las
hierbas mixtas, el ajo, las alcaparras, la
pimienta verde, las anchoas, la mostaza
y el aceite de oliva en una batidora
eléctrica y mezcle hasta conseguir una
pasta suave. Agregue un poquito de
agua tibia si es necesario. Sazone al
gusto y deje aparte.

3 Saque el pescado de la marinada.
  Cueza a la parrilla o en una
plancha con surcos de grill caliente unos
2 ó 3 minutos por cada lado hasta que
esté tierno. Sirva de inmediato con la
salsa verde y los trozos de limón.

VARIACIONES

Puede utilizar cualquier pescado de
carne firme para esta receta. Pruebe
con atún o incluso con tiburón.

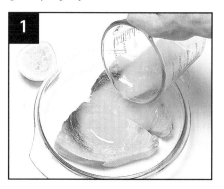

Fajitas de Pez Espada o de Atún

Por lo general las fajitas se hacen con pollo o cordero, pero también son deliciosas con pescado de carne firme como el pez espada o el atún.

Para 4 personas

INGREDIENTES

3 cucharadas de aceite de oliva
2 cucharaditas de chile en polvo
1 cucharadita de comino molido
una pizca de pimienta de cayena
1 diente de ajo machacado
900 g de pez espada o de atún
1 pimiento rojo sin semillas y
finamente rebanado
1 pimiento amarillo sin semillas
y finamente rebanado

2 calabacines (zucchini) cortados en
palitos
1 cebolla grande en rodajas delgadas
12 tortillas de harina
1 cucharada de zumo de limón
3 cucharadas de cilantro fresco picado
sal y pimienta
150 ml de nata agria para servir

GUACAMOLE:
1 aguacate grande
1 tomate sin piel, sin semillas
y cortado en daditos
1 diente de ajo machacado
1 chorrito de tabasco
2 cucharadas de zumo de limón
sal y pimienta

1 Mezcle el aceite, el chile en polvo, el comino, la cayena y el ajo. Corte el pez espada o el atún en trozos y mezcle con la marinada. Deje reposar durante 1 ó 2 horas.

2 Caliente una sartén. Agregue el pescado y la marinada y rehogue 2 minutos removiendo de vez en cuando hasta que el pescado empiece a dorarse. Incorpore el pimiento rojo, el amarillo, los calabacines y la cebolla y continúe cociendo otros 5 minutos hasta que las verduras se ablanden pero estén todavía firmes.

3 Mientras tanto, caliente las tortillas en el horno a fuego lento o en un microondas según las instrucciones del paquete.

4 Para hacer el guacamole, triture el aguacate hasta que esté bastante suave, agregue el tomate, el ajo, el tabasco, el zumo de limón y el condimento y remueva bien.

5 Agregue el zumo de limón, el cilantro y el condimento a las verduras y mezcle. Coloque un poco de la mezcla sobre el centro de la tortilla caliente. Échele el guacamole y una cucharada de nata agria y enrolle.

Pastel de Pescado Ahumado

¿Qué libro de recetas de pescados estaría completo sin un pastel de pescado?. Esta es una versión clásica con pescado ahumado, gambas y verduras en salsa de queso y cubierto con patatas ralladas, muy original.

Para 6 personas

INGREDIENTES

2 cucharadas de aceite de oliva
1 cebolla finamente picada
1 puerro en rodajas delgadas
1 zanahoria cortada en daditos
1 tallo de apio cortado en daditos
115 g de champiñones de sombrerete
cerrado, partidos por la mitad si son
muy grandes
la piel rallada de un limón
375 g filetes de bacalao o eglefino
ahumado sin piel, sin espinas y
partido en dados

375 g de pescado blanco como el
eglefino, la merluza o el rape sin piel,
deshuesado y cortado en dados
225 g de gambas peladas y cocidas
2 cucharadas de perejil fresco picado
1 cucharada de eneldo fresco picado

SALSA:
50 g de mantequilla
40 g de harina común
1 cucharadita de mostaza en polvo

600 ml de leche
80 g de queso Gruyère rallado

CUBIERTA DE PATATAS:
750 g de patatas sin pelar
50 g de mantequilla derretida
25 g de queso Gruyère rallado
sal y pimienta

1 Para preparar la salsa, caliente la mantequilla en una olla grande y cuando esté derretida, agregue la harina y la mostaza en polvo. Remueva hasta que esté suave y cueza a fuego lento por 2 minutos sin que tome color. Vierta la leche lentamente removiendo hasta que esté suave. Cueza a fuego lento por 2 minutos y luego añada el queso rallado y siga removiendo hasta que suavice. Retire del fuego y coloque papel

transparente por encima para evitar que se le forme una nata. Deje aparte.

2 Mientras tanto, para hacer la cubierta de patatas, hierva las patatas enteras en abundante agua salada durante 15 minutos. Escurra bien y deje a un lado hasta que se enfríen.

3 Caliente el aceite de oliva en una olla limpia y agregue la cebolla. Cueza 5 minutos hasta que se ablanden. Incorpore el puerro, la zanahoria, el apio y los champiñones y rehogue otros 10 minutos hasta que las verduras estén blandas. Agregue la piel de limón, remueva y cueza brevemente.

4 Agregue las verduras, el pescado, las gambas, el perejil y el eneldo a la salsa. Sazone con sal y pimienta y

llévelo a una fuente refractaria engrasada de 1,75 litros.

5 Pele las patatas enfriadas y rállelas gruesamente. Mezcle con la mantequilla derretida. Cubra el relleno con las patatas ralladas y espolvoree con el queso gruyère rallado.

6 Cubra ligeramente con papel de aluminio y lleve al horno caliente a 200°C durante 30 minutos. Retire el papel y honee otros 30 minutos hasta que las patatas estén tiernas y doradas y el relleno esté soltando búrbujas. Sirva de inmediato con su selección favorita de verduras.

Filetes de Merluza con Chermoula

El tiempo de cocción es quizás largo y realmente podría disminuirlo un poco si lo prefiere, pero en Marruecos se come el pescado ¡bien cocido!

Para 4 personas

INGREDIENTES

4 filetes de merluza de unos 225 g cada uno
115 g de aceitunas verdes deshuesadas

MARINADA:
6 cucharadas de cilantro fresco picado
6 cucharadas de perejil fresco picado
6 dientes de ajo machacados
1 cucharada de comino molido

1 cucharadita de cilantro molido
1 cucharada de paprika
una pizca de pimienta de cayena
150 ml de zumo fresco de limón
300 ml de aceite de oliva

1 Para preparar la marinada, mezcle el cilantro, el perejil, el ajo, el comino, el cilantro, la paprika, la cayena, el zumo de limón y el aceite de oliva.

2 Lave y seque los filetes de merluza y colóquelos en una fuente refractaria. Vierta la marinada por encima y reserve 1 hora como mínimo o preferiblemente durante la noche.

3 Antes de cocer, eche las aceitunas por encima del pescado. Tape la fuente con papel de aluminio.

4 Lleve al horno caliente a 160ºC. Ase durante 35 ó 40 minutos hasta que el pescado esté tierno. Sirva con verduras frescas cocidas.

VARIACIÓN

Saque el pescado de la marinada y espolvoree con harina sazonada. Fría en aceite o en mantequilla clarificada hasta que se dore. Caliente la marinada, pero no la hierva y sírvala como salsa con rodajas de limón.

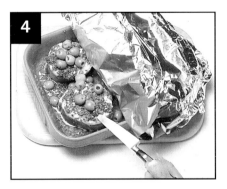

Caballa Rellena

*Ésta es una variación de una receta del Oriente Medio en la que se le quita
la carne a la caballa, se deja la piel intacta y luego se vuelve a rellenar la piel.
Esta versión es mucho más simple.*

Para 4 personas

INGREDIENTES

4 caballas grandes limpias
1 cucharada de aceite de oliva
1 cebolla pequeña en rodajas
  delgadas

1 cucharadita de canela molida
$1/2$ cucharadita de jengibre molido
2 cucharadas de uvas pasas
2 cucharadas de piñones tostados

8 hojas de parra en salmuera
  escurridas
sal y pimienta

1 Lave y seque el pescado y deje aparte. Caliente el aceite en una sartén pequeña y agregue la cebolla. Sofría a fuego lento 5 minutos hasta que se ablande. Añada la canela y el jengibre y sofría 30 segundos antes de agregar las uvas pasas y los piñones. Retire del fuego y deje enfriar.

2 Rellene cada pescado con un cuarto de la mezcla. Envuélvalos en 2 hojas de parra y asegure con un mondadientes.

3 Ase a la parrilla o en una plancha de grill con surcos 5 minutos por cada lado hasta que las hojas se hayan quemado y el pescado esté tierno. Sirva inmediatamente.

VARIACIÓN

*Este relleno también se puede
utilizar con otros pescados como
el róbalo y el salmonete.*

Croquetas de Atún

Estas croquetas son sustanciosas, pero rápidas de hacer, por lo tanto son ideales para una cena entre semana.

Para 4 personas

INGREDIENTES

225 g de patatas cortadas en daditos
1 cucharada de aceite de oliva
1 chalote grande finamente picado
1 diente de ajo finamente picado
1 cucharadita de hojas de tomillo
2 latas de 200 g de atún en aceite de
   oliva, escurrido

la piel rallada de $^1/_2$ limón
1 cucharada de perejil fresco picado
2-3 cucharadas de harina común
1 huevo ligeramente batido
115 g de pan fresco rallado
aceite vegetal para sofreír
sal y pimienta

SALSA DE TOMATE RÁPIDA:
2 cucharadas de aceite de oliva
una lata de 400 g de tomates picados
1 diente de ajo, machacado
$^1/_2$ cucharadita de azúcar
la piel rallada de $^1/_2$ limón
1 cucharada de albahaca fresca
sal y pimienta

1 Para preparar las croquetas, cueza las patatas en abundante agua salada 12 ó 15 minutos hasta que estén tiernas. Tritúrelas dejando algunos grumos y coloque aparte.

2 Caliente el aceite en una sartén pequeña y sofría el chalote a fuego lento 5 minutos hasta que se ablande. Agregue el ajo y las hojas de tomillo y cueza otro minuto. Deje enfriar un poco y mezcle las patatas con el atún, la piel de limón, el perejil, y el condimento. Mezcle bien pero deje la mezcla con textura.

3 Divida la mezcla en 6-8 croquetas. Introdúzcalas en la harina, luego en el huevo y finalmente en el pan rallado. Refrigere 30 minutos.

4 Mientras tanto, prepare la salsa de tomate. Coloque el aceite de oliva, los tomates, el ajo, el azúcar, las piel de limón, la albahaca y el condimento en una olla y ponga a hervir. Cubra y cueza a fuego lento durante 30 minutos. Destape y cueza a fuego lento otros 15 minutos hasta que espese.

5 Caliente abundante aceite en una sartén para que cubra el fondo. Cuando esté caliente, agregue las croquetas de atún en lotes y fría 3 ó 4 minutos por cada lado hasta que se doren y estén crujientes. Escurra en papel absorbente mientras fríe el resto. Sírvanse calientes con la salsa de tomate.

Sardinas con Pesto

Éste es un plato rápido y sabroso ideal para cenar entre semana.
Utilice un pesto de buena calidad ya preparado para acortar aún más el tiempo de preparación.

Para 4 personas

INGREDIENTES

16 sardinas grandes escamadas
  y limpias
50 g de hojas de albahaca fresca
2 dientes de ajo machacados

2 cucharadas de piñones tostados
50 g de queso parmesano fresco
  rallado
150 ml de aceite de oliva

sal y pimienta
trozos de limón para servir

1 Lave y seque las sardinas y colóquelas sobre una rejilla para el grill.

2 Coloque las hojas de albahaca, el ajo y los piñones en una batidora eléctrica. Triture bien. Saque la mezcla de la batidora y agregue el queso parmesano y el aceite. Remueva y sazone al gusto.

3 Unte un poco del pesto sobre uno de los lados de las sardinas y colóquelas debajo de un grill caliente 3 minutos. Vuelva el pescado, unte más pesto y ase otros 3 minutos hasta que las sardinas estén cocidas.

4 Sirva de inmediato con más pesto y trozos de limón.

VARIACIÓN

Este plato se puede hacer también con otros pescados pequeños y grasos como el arenque o el jurel.

Frittata de Salmón

Una frittata es una tortilla italiana cocida a fuego lento, no muy distinta a la tortilla española.
En esta receta se rellena con salmón hervido, hierbas frescas y verduras, que lo hacen un plato sustancioso.

Para 6 personas

INGREDIENTES

250 g de salmón sin piel ni espinas
3 ramitas de tomillo fresco
un ramito de perejil fresco, y
    2 cucharadas extra de perejil
    fresco picado
5 granos de pimienta negra
$1/2$ cebolla pequeña en rodajas
$1/2$ tallo de apio en rodajas
$1/2$ zanahoria picada

175 g de espárragos partidos
80 g de zanahorias baby partidas por
    la mitad
50 g de mantequilla
1 cebolla grande en rodajas delgadas
1 diente de ajo finamente picado
115 g de guisantes frescos o
    congelados
8 huevos ligeramente batidos

1 cucharada de eneldo fresco
sal y pimienta
trozos de limón para adornar

PARA SERVIR:
crème fraîche
ensalada
pan crujiente

1 Coloque el salmón en una olla con 1 ramita de tomillo, el perejil, la pimienta, la cebolla, el apio y la zanahoria. Cubra las verduras y el pescado con agua fría y ponga a cocer a fuego lento hasta que hierva. Retire la olla del fuego y deje reposar 5 minutos. Saque el pescado de la olla, desmenuce y ponga aparte. Deseche el líquido.

2 Hierva agua con sal en una olla grande y escalde los espárragos 2 minutos. Escurra y refresque debajo de agua fría. Escalde las zanahorias 4 minutos, escurra y refresque con agua fría. Escúrralas de nuevo y seque dándoles golpecitos con papel de cocina. Ponga aparte.

3 Caliente la mitad de la mantequilla en una sartén grande y agregue la cebolla. Fría a fuego lento de 8 a 10 minutos hasta que se ablande pero no se dore. Agregue el ajo y el resto de los ramitas de tomillo y rehogue otro minuto. Añada los espárragos, las zanahorias y los guisantes y caliente bien. Retire del fuego.

4 Mezcle las verduras con los huevos, el perejil picado, el eneldo, el salmón y el condimento y remueva brevemente. Caliente el resto de la mantequilla en la sartén y vierta la mezcla en la sartén. Cubra y cueza a fuego lento durante 10 minutos.

5 Ase debajo de un grill caliente a fuego moderado 5 minutos hasta que se asiente y se dore. Sirva fría o caliente en triángulos con una cucharada de crème fraîche, ensalada y pan crujiente. Adorne con trozos de limón.

Brochetas Mixtas

Si venden filetes de rodaballo en la pescadería, compre uno grande para hacer este plato.
Quítele la piel y las espinas y corte la carne en trozos.

Para 4 personas

INGREDIENTES

225 g de filete de rodaballo sin piel
  ni espinas
225 g de filete de salmón sin piel
  ni espinas
8 vieiras
8 gambas gigantes o langostinos
16 hojas de laurel frescas
1 limón rebanado
4 cucharadas de aceite de oliva
la piel rallada de un limón

4 cucharadas de hierbas mixtas
  picadas, como tomillo, perejil,
  cebollinos, albahaca
pimienta negra

ARROZ CON MANTEQUILLA DE LIMÓN:
175 g de arroz de grano largo
la piel rallada y el jugo de un limón
50 g de mantequilla
sal y pimienta

PARA ADORNAR:
trozos de limón y ramitas de eneldo

1 Corte el rodaballo y el salmón en 8 trozos. Ensarte en el pincho con las vieiras, las gambas o langostinos alternando con las hojas de laurel y las rodajas de limón. Colóquelos en un plato que no sea metálico uno al lado del otro, si es posible.

2 Mezcle el aceite de oliva, el limón, las hierbas y la pimienta negra. Vierta la mezcla sobre el pescado. Cubra y deje marinar durante 2 horas, dándole vueltas una o dos veces.

3 Para preparar el arroz con mantequilla de limón, hierva agua salada en una olla grande y agregue el arroz y la ralladura de limón. Hierva de nuevo y deje cocer a fuego lento 7 u 8 minutos hasta que el arroz esté tierno. Escurra bien y mézclelo con el jugo de limón y la mantequilla. Sazone al gusto con sal y pimienta.

4 Mientras tanto, saque el pescado de la marinada y áselo a la parrilla o debajo de un grill caliente 8 ó 10 minutos, dándole vueltas con frecuencia, hasta que esté completamente cocido. Sirva con el arroz con mantequilla de limón y adorne con trozos de limón y eneldo.

Vieiras a la Plancha

*En esta receta las vieiras se marinan y luego se asan a la plancha;
se sirven con un colorido couscous de verduras y hierbas aromáticas.*

Para 4 personas

INGREDIENTES

16 vieiras gigantes
3 cucharadas de aceite de oliva
la piel rallada de una lima
2 cucharadas de albahaca fresca
  picada
2 cucharadas de cebollinos frescos
  picados
1 diente de ajo finamente picado
pimienta negra

COUSCOUS:
225 g de couscous
$^1/_2$ pimiento amarillo sin semillas y
  cortado por la mitad
$^1/_2$ pimiento rojo sin semillas y
  cortado por la mitad
4 cucharadas de aceite de oliva extra
  virgen
115 g de pepino cortado en trozos
  de 1 cm

3 cebolletas finamente picadas
1 cucharada de zumo de lima
2 cucharadas de albahaca fresca en
  tiras
sal y pimienta

PARA ADORNAR:
hojas de albahaca
trozos de limón

1 Limpie y corte las vieiras. Colóquelas en un recipiente que no sea de metal. Mezcle el aceite de oliva, la ralladura de lima, la albahaca, los cebollinos, el ajo y la pimienta negra. Vierta sobre las vieiras y tape. Deje marinar 2 horas.

2 Cueza el couscous de acuerdo a las instrucciones del paquete sin agregarle la mantequilla que recomiendan. Con una brochita de cocina, unte los pimientos con el aceite de oliva y colóquelos debajo de un grill

caliente 5 ó 6 minutos volviéndolos una vez hasta que la piel esté negra y la carne tierna. Metálos en una bolsa plástica y déjelos enfriar. Cuando estén fríos, retire la piel de los pimientos y corte la carne en trozos de 1 cm. Agregue al couscous con el resto del aceite de oliva, los pepinos, las cebolletas, el zumo de limón y el condimento. Deje aparte.

3 Saque las vieiras de la marinada y ensarte en 4 pinchos. Ase a la parrilla o en una plancha con surcos

caliente 1 minuto por cada lado hasta que esté chamuscado y firme pero no cocido del todo. Retire del fuego y deje reposar durante 2 minutos.

4 Agregue la albahaca al couscous y sirva en los platos. Coloque un pincho por plato y adorne con las hojas de albahaca y los trozos de limón.

Rostis de Gambas

Estas croquetas crujientes de gambas y verduras son ideales para un almuerzo ligero
o para una cena acompañadas con ensalada.

Para 4 personas

INGREDIENTES

350 g de patatas
350 g de apio-nabo
1 zanahoria
$^1/_2$ cebolla pequeña
225 g de gambas cocidas y peladas,
   o descongeladas y escurridas sobre
   papel absorbente
25 g de harina común
1 huevo ligeramente batido
aceite vegetal para freir
sal y pimienta

SALSA DE TOMATES CEREZA:
225 g de tomates cereza mixtos,
   pueden ser tomates baby, tomates
   amarillos, tomates anaranjados,
   tomates medianos, todos cortados
   en cuatro
$^1/_2$ mango pequeño picado en daditos
1 chile rojo sin semillas y finamente
   picado
$^1/_2$ cebolla roja pequeña finamente
   picada

1 cucharada de cilantro fresco picado
1 cucharada de cebollinos frescos
   picados
2 cucharadas de aceite de oliva
2 cucharaditas de zumo de limón
sal y pimienta

1 Para preparar la salsa, mezcle los tomates, el mango, el chile, la cebolla roja, el cilantro, los cebollinos, el aceite de oliva, el zumo de limón y el condimento. Deje aparte para que los sabores se fusionen.

2 Con una batidora eléctrica o con un rallador de metal ralle las patatas finamente, el apio-nabo, la zanahoria y la cebolla. Mezcle con las gambas, la harina y el huevo. Sazone al gusto y deje a un lado.

3 Divida esta mezcla en ocho porciones iguales. Coloque cada una en un molde circular de 10 cm previamente engrasado para darle la forma a cada rosti. Si sólo dispone de un molde, haga un rosti cada vez.

4 En una sartén grande caliente una capa fina de aceite para los rostis. Cuando esté caliente, introduzca las croquetas con el molde. Cuando el aceite empiece a chispotear por debajo de las croquetas, retire el molde. Cueza a fuego lento presionándolas con una espátula de 6 a 8 minutos por cada lado hasta que estén crujientes y doradas y las verduras estén tiernas. Escurra en papel absorbente. Sirva inmediatamente con la salsa de tomate.

Moules Marinières (Mejillones a la Marinera)

Este plato es muy apreciado tanto en Bélgica como en Francia. Pruebe las patatas fritas con mayonesa casera (ver Bacalao y Patatas Fritas, pág. 128) y disfrute de un banquete al estilo Belga.

Para 4 personas

INGREDIENTES

900 g de mejillones vivos
2 chalotes finamente picados
2 dientes de ajo finamente picados
150 ml de vino blanco seco
2 cucharadas de perejil fresco picado
sal y pimienta

PATATAS FRITAS:
900 g de patatas
aceite vegetal para freír
sal

PARA SERVIR (OPCIONAL):
trozos de limón
mayonesa

1 Limpie los mejillones con un raspador o un cepillo y retire los filamentos que tengan pegados. Deseche los que tengan las conchas rotas o los que no cierren cuando le dé golpecitos.

2 Para preparar las patatas, córtelas en palitos de unos 1,5 cm de ancho. En una olla grande o freidora, coloque aceite vegetal hasta un tercio, caliente a 140°C o hasta que un trocito de pan se dore en 1 minuto. Fría las patatas en 3 lotes unos 5-6 minutos hasta que estén cocidas pero no doradas. Colóquelas en papel absorbente.

3 Coloque los mejillones en una olla grande con los chalotes, el ajo y el vino blanco. Cubra y cueza a fuego alto unos 3 ó 4 minutos hasta que los mejillones se hayan abierto. Deseche los que permanezcan cerrados. Agregue el perejil y sazone al gusto. Conserve calientes mientras termina las patatas.

4 Aumente la temperatura del aceite a 190°C o hasta que un trocito de pan se dore en 30 segundos. Fría las patatas otra vez en lotes de 3 durante 2 ó 3 minutos hasta que estén doradas y

crujientes. Escurra en papel absorbente y espolvoree con sal.

5 Divida los mejillones en cantidades iguales en 4 platos grandes. Divida las patatas en platos más pequeños y sirva con trozos de limón y suficiente mayonesa para mojar las patatas, si lo desea.

Mejillones a la Provenzal

Este plato evoca el sur de Francia: tomates, vino, hierbas aromáticas y ajo se combinan para hacer un estofado de mejillones desbordante de sabor.

Para 4 personas

INGREDIENTES

900 g de mejillones vivos
3 cucharadas de aceite de oliva
1 cebolla finamente picada
3 dientes de ajo finamente picados

2 cucharaditas de hojas de tomillo fresco
150 ml de vino tinto
2 latas de 400 g de tomates picados

2 cucharadas de perejil fresco picado
sal y pimienta
pan crujiente para acompañar

1 Limpie los mejillones con un raspador o un cepillo y retire los filamentos que tengan pegados. Deseche los que tengan las conchas rotas o cualquiera que no se cierre cuando le dé golpecitos. Colóquelos en una olla grande con sólo el agua que les queda en las conchas; cúbralos y cueza a fuego alto 3 ó 4 minutos, hasta que se hayan abierto. Deseche los que permanezcan cerrados. Escurra y conserve el líquido. Deje aparte.

2 Caliente el aceite en una olla grande y agregue la cebolla. Sofría a fuego lento de 8 a 10 minutos hasta que se ablande pero no se dore.

Agregue el ajo y el tomillo y rehogue otro minuto. Añada el vino tinto y hierva rápidamente hasta que el líquido se reduzca y esté almibarado. Añada los tomates y el líquido donde se cocieron los mejillones y hierva. Cubra y cueza a fuego lento durante 30 minutos. Destape y cueza otros 15 minutos.

3 Incorpore los mejillones y cueza otros 5 minutos hasta que estén calientes. Agregue el perejil y sazone al gusto. Sirva con suficiente pan crujiente.

VARIACIÓN

Reemplace los mejillones por almejas, utilice la misma cantidad.

Pasta, Arroces y Otros Granos

Hoy en día los nutricionistas recomiendan una dieta con un alto contenido de carbohidratos que incluyen la pasta, los arroces, las patatas, el pan y los cereales. Una dieta basada en este grupo de alimentos garantiza altos niveles de energía y evita la disminución del azúcar en la sangre, que aumenta el apetito.

En este capítulo se incluye una varidad de platos a base de este grupo de alimentos. El más popular de ellos es seguramente la pasta, así que encontrará unas cuantas recetas con pasta. También encontrará una selección de recetas que se adaptan a cualquier nivel de destreza, desde platos muy sencillos como los Espaguetinis con Cangrejo y los Linguini con Sardinas hasta platos más elaborados como la Pasta Casera con Calamares en su Tinta, la Fideua y la Lasaña de Mariscos.

Se incluyen también pasteles y empanadillas como el Pastel de Arenque y Patatas y las Empanadillas de Pescado, y asimismo platos de arroz como la Jambalaya, el Risotto de Langosta y el Risotto de Gambas y Espárragos.

Entre los platos con otros granos están las Crepes de Alforfón con Salmón Ahumado y Crème Fraîche, la Sopa de Pescado y Pan, y la Pizza Marinara.

Tagliatelle con Brécol y Anchoas

Este plato está basado en una receta siciliana que combina brécol y anchoas, pero le he agregado limón y ajo para darle más sabor.

Para 4 personas

INGREDIENTES

6 cucharadas de aceite de oliva
50 g de pan blanco fresco rallado
450 g de brécol cortado en ramilletes pequeños
350 g de tagliatelle secos

4 filetes de anchoas, escurridas y picadas
2 dientes de ajo en rodajas
la piel rallada de un limón
una buena pizca de chiles secos desmenuzados

sal y pimienta
queso parmesano recién rallado, para servir

1 Caliente dos cucharadas del aceite de oliva en una sartén y agregue el pan rallado. Sofría removiendo rápidamente a fuego moderado 4 ó 5 minutos hasta que esté dorado y crujiente. Escurra en papel absorbente.

2 En una olla grande hierva agua con sal y agregue el brécol. Escalde durante 3 minutos, escurra y reserve el agua. Refresque el brécol bajo abundante agua fría y escurra otra vez. Seque dándole golpecitos con papel absorbente y deje a un lado.

3 Hierva el agua de nuevo y agregue la pasta. Cueza según las instrucciones del paquete hasta que esté tierna pero todavía firme, al dente.

4 Mientras tanto, caliente otras 2 cucharadas de aceite en una sartén grande o en un wok y agregue las anchoas. Rehogue un minuto y triture con una paleta de madera para formar una pasta. Añada el ajo, la piel de limón, el chile y rehogue a fuego lento unos 2 minutos. Agregue el brécol

y rehogue otros 3 ó 4 minutos hasta que esté caliente.

5 Escurra la pasta cocida e incorpórela a la mezcla de brécol con las otras 2 cucharadas de aceite de oliva y el condimento. Mezcle todo bien.

6 Divida la pasta en cantidades iguales en los platos. Espolvoree el pan rallado frito y el queso parmesano por encima y sirva de inmediato.

Pasta Puttanesca

Según dice la historia, esta salsa la preparaban y comían las prostitutas italianas, quienes necesitaban una comida simple y rápida de preparar para seguir trabajando. La mayoría de los ingredientes los encontrará en su despensa.

Para 4 personas

INGREDIENTES

3 cucharadas de aceite de oliva
    extra virgen
1 cebolla roja grande finamente
    picada
4 filetes de anchoas escurridas
una pizca de chiles secos
    desmenuzados

2 dientes de ajo finamente picados
1 lata de 400 g de tomates picados
2 cucharadas de pasta de tomate
225 g de espaguetis secos
25 g de aceitunas negras deshuesadas
    ligeramente picadas

25 g de aceitunas verdes deshuesadas
    ligeramente picadas
1 cucharada de alcaparras escurridas
    y enjuagadas
4 tomates secados al sol ligeramente
    picados
sal y pimienta

1 Caliente el aceite en una olla y agregue las cebollas, las anchoas y el chile desmenuzado. Fría unos 10 minutos hasta que se ablanden y empiecen a dorar. Agregue el ajo y sofría 30 segundos.

2 Añada los tomates y la pasta de tomate, lleve a ebullición y cueza a fuego lento 10 minutos.

3 Mientras tanto, cueza los espaguetis en abundante agua hirviendo siguiendo las instrucciones del paquete y hasta que estén tiernos pero todavía firmes, al dente.

4 Incorpore las aceitunas, las alcaparras y los tomates secados al sol en la salsa y cueza a fuego lento otros 2 ó 3 minutos. Sazone al gusto.

5 Escurra la pasta y mézclela bien con la salsa. Sirva de inmediato.

Lasaña de Pescado

*Éste es un plato sustancioso de capas de pasta, con pescado y champiñones
en una salsa de tomate, cubierto con salsa besamel y horneado hasta dorar.*

Para 6 personas

INGREDIENTES

50 g de mantequilla
40 g de harina
1 cucharadita de mostaza en polvo
600 ml de leche
2 cucharadas de aceite de oliva
1 cebolla picada
2 dientes de ajo finamente picados

1 cucharada de hojas de tomillo
  fresco
450 g de champiñones mixtos
  rebanados
150 ml de vino blanco
1 lata de 400 g de tomates picados

450 g de filetes mixtos de pescado
  blanco en trozos
225 g de vieiras frescas troceadas
de 4 a 6 láminas de lasaña
225 g de queso mozzarella, escurrido
  y en trozos
sal y pimienta

1 Derrita la mantequilla en una
olla. Agregue la harina y la
mostaza en polvo y remueva hasta
conseguir una pasta suave. Cueza a
fuego lento 2 minutos sin dorar. Vierta
la leche poco a poco, batiendo hasta
diluir la pasta. Hierva y cueza a fuego
lento 2 minutos. Retire del fuego y deje
aparte. Cubra con papel transparente
para que no se le forme una nata a la
salsa.

2 Caliente el aceite en una sartén
y agregue la cebolla, el ajo y
el tomillo. Sofría a fuego lento

5 minutos hasta que se ablanden.
Añada los champiñones y rehogue
otros 5 minutos hasta que estén tiernos.
Vierta el vino, mezcle y hierva
rápidamente hasta que casi se evapore.
Agregue los tomates y mezcle. Hierva y
cueza a fuego lento y tapado durante
15 minutos. Sazone al gusto y
deje aparte.

3 Engrase ligeramente una fuente
para lasaña. Cubra la base de
la fuente con la mitad de la salsa de
tomate y distribuya la mitad del pescado
y las vieiras.

4 Coloque una capa de lasaña
encima del pescado y vierta la
mitad de la salsa blanca y la mitad del
mozzarella. Repita este procedimiento
y termine con una capa de salsa blanca
y mozzarella.

5 Lleve al horno caliente a 200°C
unos 35 ó 40 minutos hasta que
haga burbujas, esté dorada y el pescado
esté totalmente cocido. Retire del
horno y deje reposar en una superficie
resistente al calor o en un salva manteles
10 minutos antes de servir.

Espaguetis al Vongole

Éste es un plato con una apariencia muy elegante y con mucho sabor, especialmente si puede encontrar almejas pequeñas, que con frecuencia tienen conchas muy coloridas.

Para 4 personas

INGREDIENTES

900 g de almejas vivas limpias
2 cucharadas de aceite de oliva
1 cebolla grande finamente picada
2 dientes de ajo finamente picados

1 cucharadita de hojas de tomillo fresco
150 ml de vino blanco
una lata de 400 g de tomates picados

350 g de espaguetis secos
1 cucharada de perejil fresco picado
sal y pimienta

1 Coloque las almejas en una olla grande con el agua que les queda en las conchas. Cubra y cueza a fuego alto 3 ó 4 minutos agitando la olla de vez en cuando para que se abran las almejas. Retire del fuego, escurra y reserve este líquido. Deseche las almejas que permanezcan cerradas. Deje aparte.

2 Caliente el aceite en una olla y agregue la cebolla. Sofría 10 minutos a fuego lento hasta que se ablande pero no se dore. Añada el ajo y el tomillo y rehogue otros 30 segundos. Aumente el fuego y

vierta el vino blanco. Hierva rápidamente hasta que se reduzca el líquido y esté almibarado. Agregue los tomates y el líquido donde se cocieron las almejas. Cubra y cueza a fuego lento 15 minutos. Destape y cueza otros 15 minutos hasta que espese. Sazone al gusto.

3 Mientras tanto, cueza los espaguetis en abundante agua hirviendo con sal según las instrucciones del paquete hasta que estén tiernos pero todavía firmes, al dente. Escurra bien y devuelva a la olla.

4 Incorpore las almejas a la salsa de tomate y caliente 2 ó 3 minutos. Añada el perejil y mezcle bien. Agregue la salsa de tomate a la pasta y mezcle todo muy bien hasta que los espaguetis estén bien cubiertos con la salsa. Sirva inmediatamente.

SUGERENCIA

Si solamente puede conseguir almejas grandes, reserve algunas en sus conchas y utilícelas para adornar el plato terminado.

Linguini con Sardinas

Éste es un plato muy rápido y fácil de preparar, además con mucho sabor,
ideal para una cena entre semana.

Para 4 personas

INGREDIENTES

8 sardinas en filetes
1 bulbo de hinojo
4 cucharadas de aceite de oliva
3 dientes de ajo rebanados

1 cucharadita de chiles secos
   desmenuzados
350 g de linguini secos
$^1/_2$ cucharadita de una piel
   de limón rallada

1 cucharada de zumo de limón
2 cucharadas de piñones tostados
2 cucharadas de perejil fresco picado
sal y pimienta

1 Lave y seque las sardinas en filetes. Córtelas en trozos grandes y ponga aparte. Elimine los extremos del hinojo y corte en rodajas finas.

2 Caliente 2 cucharadas de aceite de oliva en una sartén grande y agregue el ajo y el chile. Sofría 1 minuto y agregue el hinojo. Rehogue a fuego moderado 4 ó 5 minutos hasta que se ablanden. Añada los trozos de sardinas y rehogue otros 3 ó 4 minutos hasta que estén apenas cocidos.

3 Mientras tanto, cueza la pasta en abundante agua salada hirviendo siguiendo las instrucciones del paquete hasta que esté tierna pero todavía firme, al dente. Escurra bien y devuelva a la olla.

4 Agregue la ralladura de limón, el zumo de limón, los piñones, el perejil y el condimento a las sardinas y mezcle bien. Incorpore a la pasta con el resto del aceite de oliva y mezcle todo con mucho cuidado. Sirva inmediatamente con la pasta todavía caliente y salpicada con perejil.

SUGERENCIA

Reserve unas dos cucharadas del agua donde se coció la pasta y agregue a la pasta con la salsa si le parece que la mezcla está muy seca.

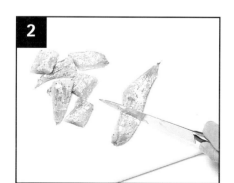

Raviolis de Cangrejo

Aunque toma mucho tiempo hacer y rellenar la pasta en casa,
el sabor y la textura son insuperables.

Para 4 personas

INGREDIENTES

225 g de harina de fuerza o harina
   italiana para pasta tipo "00"
1 cucharadita de sal
2 huevos y 1 yema de huevo
1 cucharada de aceite de oliva
225 g de gambas crudas finamente
   picadas
225 g de carne blanca de cangrejo
1 cucharada de cebollinos frescos
   picados
1 cucharada de perifollo fresco picado

1 cucharada de perejil fresco picado
1 cucharadita de piel de lima rallada
4 cucharadas de nata para montar
sal y pimienta

SALSA DE PIMIENTOS ROJOS:
$1/2$ pimiento rojo grande, sin el
   corazón, sin semillas y partido por
   la mitad
1 cucharadita de aceite de oliva para
   untar con una brochita de cocina

50 g de mantequilla blanda sin sal
1 cucharada de zumo de lima
sal y pimienta

PARA ADORNAR:
trozos de lima
cebollinos frescos

1   Para hacer la salsa de pimientos, unte los trozos de pimiento con aceite de oliva, utilizando una brochita de cocina. Colóquelos debajo de un grill caliente y ase 3 ó 4 minutos por cada lado hasta que estén quemados y tiernos. Retire del fuego y colóquelos en una bolsa de plástico hasta que se hayan enfriado. Quíteles la piel y métalos en una batidora. Agregue la mantequilla, el zumo de lima y el condimento y mezcle bien hasta obtener una pasta suave. Deje aparte.

2   Para hacer la pasta, pase la harina y la sal por un colador sobre un recipiente. Haga un orificio en el centro y agregue los huevos, la yema de huevo, el aceite y suficiente agua para hacer una masa suave. Amase 5 minutos. Envuelva en papel transparente y enfríe.

3   Mientras tanto, mezcle las gambas, el cangrejo, el perifollo, los cebollinos, el perejil, la piel de lima, la nata y el condimento y deje aparte.

4   Divida la pasta en 8 trozos. Con una máquina para hacer pasta, extienda cada trozo de pasta lo más delgado que pueda. Enharine la superficie y coloque una lámina de pasta. Utilizando una cucharita, vierta el relleno dejando un espacio de unos 2,5 cm a lo largo de la pasta. Con una brochita de cocina mojada en agua pase ligeramente alrededor de cada relleno y coloque otra lámina de pasta encima.

5   Presione firmemente alrededor de cada montoncito para sellar la pasta, y corte cada ravioli con un cortapastas. Repita este procedimiento las veces que sean necesarias hasta terminar con la pasta y coloque los raviolis que vaya cortando sobre un pañito de cocina bien cubierto de harina.

6   Hierva una olla con agua ligeramente salada y agregue los raviolis. Hierva 3 ó 4 minutos hasta que la pasta esté tierna pero firme, al dente. Escurra bien y cúbralos inmediatamente con la salsa de pimientos. Sirva de inmediato con trozos de lima y con cebollinos frescos cortados con tijeras.

Espaguetinis con Cangrejo

*Este plato es probablemente el más sencillo del libro, pero el sabor
es tan suculento que parecerá que le llevó horas prepararlo.*

Para 4 personas

INGREDIENTES

1 cangrejo con caparazón de unos
  450 g
350 g de espaguetinis secos
6 cucharadas de aceite de oliva de
  la mejor calidad
1 chile rojo picante sin semillas y

finamente picado
2 dientes de ajo finamente picados
3 cucharadas de perejil fresco picado
1 cucharadita de piel de limón rallada
2 cucharadas de zumo de limón
sal y pimienta

trozos de limón para adornar

1 Con una cuchara saque la carne
del caparazón del cangrejo y
colóquela en un recipiente. Mezcle la
carne blanca con la marrón ligeramente
y ponga a un lado.

2 En una olla grande hierva agua
con sal y agregue los espaguetinis.
Cueza siguiendo las instrucciones del
paquete hasta que estén tiernos pero
todavía firmes, al dente. Escurra bien
y devuélvalos a la olla.

3 Mientras tanto, caliente 2
cucharadas de aceite de oliva
en una sartén. Cuando esté caliente,

agregue el chile y el ajo. Sofría 30
segundos antes de incorporar la
carne de cangrejo, el perejil, el zumo de
limón y la ralladura de limón. Rehogue
otro minuto hasta que la carne se haya
calentado.

4 Agregue la mezcla de cangrejo
a la pasta con el resto del aceite
de oliva y el condimento. Mezcle todo
muy bien y sirva de inmediato con
trozos de limón.

SUGERENCIA

*Si prefiere comprar el cangrejo
fresco, necesitará
un cangrejo
grande de
1 kg de peso.*

Pasta con Tinta de Calamares

La apariencia de este plato es impresionante, una pasta de color negro y una sustanciosa salsa de calamares. Definitivamente para una ocasión especial.

Para 6 personas

INGREDIENTES

450 g de calameres con su tinta
300 g de harina de fuerza o harina
   italiana para pasta tipo "00"
100 g de semolina fina
2 huevos

SALSA:
4 cucharadas de aceite de oliva
2 dientes de ajo finamente picados
1 cucharadita de paprika
3 tomates alargados, pelados, sin
   semillas y picados en daditos

150 ml de vino blanco
1 cucharada de perejil fresco picado
sal y pimienta

1 Para preparar el calamar y la tinta, sujete con cuidado la cabeza y los tentáculos del calamar y tire para sacar las tripas. El saco con la tinta está en el último punto de los tentáculos y es un tubo plateado, tenga mucho cuidado para mantenerlo intacto. Corte el saco para separarlo de las tripas y póngalo aparte. Corte los tentáculos justo debajo de la boca y deseche el resto de las tripas. Retire el cartílago firme que está en el cuerpo, así como también las aletas de la piel. Lave el cuerpo y los tentáculos bien.

2 Corte los cuerpos a lo ancho en aros y deje a un lado con los tentáculos. Corte los sacos con la tinta y diluya ésta con agua hasta obtener 50 ml. Ponga aparte.

3 Para hacer la pasta, pase por un colador la harina y la semolina juntas. Haga un orificio en el centro y agregue los huevos. Con una paleta de madera, mezcle la harina y los huevos. Incorpore la tinta de los calamares poco a poco, quizás no la necesite toda. Mezcle hasta obtener una masa firme. Vierta un poquito más de agua si le parece muy seca o un poquito más de harina si está muy aguada. Alternativamente, coloque todos los ingredientes en una batidora y mezcle la masa 10 minutos hasta que tenga una apariencia suave y elástica. La masa debe tener el tacto suave de la piel y no deberá estar pegajosa ni romperse con facilidad. Envuélvala en papel transparente y deje reposar 30 minutos.

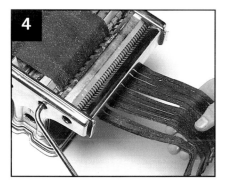

4 Con una máquina de hacer pasta, extienda la masa delgadamente y corte en cintas. Cuelgue para que se seque.

5 Mientras tanto, prepare la salsa, caliente el aceite en una olla y luego agregue el ajo y la paprika. Rehogue 30 segundos. Añada el calamar y, a fuego máximo, rehogue 4 ó 5 minutos hasta que esté ligeramente dorado y firme. Agregue los tomates y cueza 3 ó 4 minutos hasta que se desintegren. Vierta el vino blanco y cueza a fuego lento durante 15 minutos. Agregue el perejil, remueva y sazone al gusto.

6 Mientras tanto, ponga a hervir una olla grande con agua salada y agregue la pasta cuando esté hirviendo. Cueza 2 ó 3 minutos hasta que esté tierna pero firme, al dente, escurra bien. Échela en un recipiente grande, mezcle con la salsa y sirva inmediatamente.

Fideua

Fideua es un plato de pasta que se come al sur de Valencia, en la costa mediterránea española.
Se parece a la paella pero hecha con fideos en lugar de arroz.

Para 6 personas

INGREDIENTES

3 cucharadas de aceite de oliva
1 cebolla grande picada
2 dientes de ajo finamente picados
una pizca de azafrán triturado
$1/2$ cucharadita de paprika
3 tomates sin piel, sin semillas
  y picados

350 g de vermicelli, ligeramente
  partidos en 5 cm de largo
150 ml de vino blanco
300 ml de caldo de pescado
12 gambas gigantes
18 mejillones vivos, limpios y sin
  filamentos

350 g de calamares limpios cortados
  en aros
18 almejas grandes limpias
2 cucharadas de perejil fresco picado
sal y pimienta
trozos de limón para adornar

1 Caliente el aceite en una sartén grande o en una paella. Agregue las cebollas y sofría hasta que se ablanden. Agregue el ajo y sofría otros 30 segundos. Añada el azafrán y la paprika y remueva todo bien. Incorpore los tomates y rehogue otros 2 a 3 minutos hasta que se hayan desintegrado.

2 Agregue los vermicelli y remueva bien. Vierta el vino y hierva rápidamente hasta que se absorba.

3 Vierta el caldo de pescado, las gambas, los mejillones, el calamar y las almejas. Remueva y cueza de nuevo a fuego lento 10 minutos hasta que las gambas y los calamares se hayan cocido y los mejillones y las almejas se hayan abierto. El caldo debería de haberse evaporado casi del todo.

4 Agregue el perejil y sazone al gusto. Sirva inmediatamente en platos calientes, adornado con trozos de limón.

VARIACIÓN

Utilice la combinación de pescados y mariscos de su preferencia. Pruebe con langostinos, gambas y rape.

Fideos al Estilo Tailandés

*El plato clásico tailandés de fideos lleva salsa de pescado,
cacahuetes tostados y gambas.*

Para 4 personas

INGREDIENTES

350 g de gambas gigantes cocidas
   y peladas
115 g de fideos o vermicelli de arroz
4 cucharadas de aceite vegetal
2 dientes de ajo finamente picados
1 huevo

2 cucharadas de zumo de limón
1¹/₂ cucharadas de salsa tailandesa
   de pescado
¹/₂ cucharadita de azúcar
2 cucharadas de nueces tostadas
   picadas

¹/₂ cucharadita de pimienta de cayena
2 cebolletas picadas en trozos de
   2,5 cm
50 g de judías germinadas
1 cucharada de cilantro fresco picado
trozos de limón para adornar

1 Escurra las gambas en papel absorbente y quite el exceso de humedad. Ponga aparte. Cueza los fideos de arroz siguiendo las instrucciones del paquete. Escurra bien y deje aparte.

2 Caliente el aceite en un wok o en una sartén grande y agregue el ajo. Sofría hasta que esté dorado. Agregue el huevo y remueva rápidamente para romperlo. Cueza unos segundos.

3 Incorpore las gambas y los fideos y mezcle todo muy bien para que se junten con el huevo y el ajo.

4 Añada el zumo de limón, la salsa de pescado, el azúcar, la mitad de los cacahuetes, la pimienta de cayena, las cebolletas y la mitad de las judías germinadas removiendo rápida y constantemente. Cueza a fuego alto otros 2 minutos hasta que todo esté bien caliente.

5 Sirva en un plato. Esparza el resto de los cacahuetes y judías germinadas por encima y espolvoree el cilantro. Acompañe con el limón.

VARIACIÓN

Éste es un plato básico al que se le pueden agregar diferentes tipos de pescados y mariscos. También queda muy bien con calamares en aros, mejillones y langostinos.

Kedgeree

Originalmente, kedgeree o khichri era una plato de la India a base de arroz y lentejas al que se le agregaban pescados o carnes de todos los tipos. Hoy en día es un plato de arroz, especias, pescado ahumado y huevos duros que se come, con frecuencia, en el desayuno.

Para 4 personas

INGREDIENTES

450 g de filete de eglefino ahumado
  sin teñir
2 cucharadas de aceite de oliva
1 cebolla grande picada
2 dientes de ajo finamente picados
$^{1}/_{2}$ cucharadita de cúrcuma molida

$^{1}/_{2}$ cucharadita de comino molido
1 cucharadita de cilantro molido
175 g de arroz basmati
4 huevos medianos
25 g de mantequilla
1 cucharada de perejil fresco picado

PARA SERVIR:
trozos de limón
mango chutney

1 Vierta agua hirviendo por encima de los filetes de eglefino y deje aparte 10 minutos. Saque el pescado del agua, deseche la piel y las espinas y desmenuce la carne. Deje a un lado. Reserve el agua.

2 Caliente el aceite en una olla grande y agregue la cebolla. Rehogue 10 minutos a fuego moderado hasta que empiece a dorarse. Agregue el ajo y sofría otros 30 segundos. Añada la cúrcuma, el comino y el cilantro y rehogue 30 segundos hasta que las especias desprendan su aroma.

Incorpore el arroz y remueva bien.

3 Separe 350 ml del agua donde se coció el pescado y viértala en la olla. Remueva todo bien y hierva. Cubra y cueza a fuego lento 12 ó 15 minutos, hasta que el arroz esté tierno y se haya absorbido el caldo.

4 Mientras tanto, hierva agua en un cazo y agregue los huevos. Cuando el agua haya hervido otra vez cueza los huevos 8 minutos. Inmediatamente después, escurra los huevos y refresque debajo de abundante

agua fría para evitar que se sigan cociendo. Deje aparte.

5 Incorpore los trozos de pescado, la mantequilla y el perejil al arroz. Coloque todo en una fuente grande para servir. Pele los huevos y córtelos en 4 pedazos y colóquelos encima del arroz. Sirva con los trozos de limón y el mango chutney.

Kedgeree Moderno

Ésta es la versión moderna del kedgeree clásico. Se utilizan salmón ahumado, salmón fresco y muchas hierbas frescas. Es un plato ideal para una cena elegante y es suficiente para 6 personas si se sirve como entrada.

Para 4 personas

INGREDIENTES

25 g de mantequilla
1 cucharada de aceite de oliva
1 cebolla finamente picada
1 diente de ajo finamente picado
175 g de arroz de grano largo
400 ml de caldo de pescado

175 g de filetes de salmón sin piel,
 sin espinas y en trozos
80 g de salmón ahumado cortado
2 cucharadas de nata para montar
2 cucharadas de eneldo fresco picado
3 cebolletas finamente picadas

sal y pimienta
rodajas de limón y eneldo fresco,
 para servir

1 Derrita la mantequilla con el aceite en una olla grande. Agregue la cebolla y sofría a fuego lento 10 minutos hasta que esté blanda pero no dorada. Agregue el ajo y sofría otros 30 segundos.

2 Incorpore el arroz y rehogue 2 ó 3 minutos, removiendo hasta que esté transparente. Vierta el caldo de pescado y mezcle bien. Hierva, cubra y cueza a fuego muy lento 10 minutos.

3 Agregue el filete de salmón y el salmón ahumado y mezcle bien, agregando un poquito más del caldo de

pescado o agua si le parece que está muy seco. Ponga al fuego y cueza otros 6 u 8 minutos hasta que el pescado y el arroz estén tiernos y todo el caldo se haya absorbido.

4 Retire o apague el fuego y agregue la nata, el eneldo y las cebolletas removiendo todo muy bien. Sazone al gusto y sirva de inmediato con una ramita de eneldo y una rodaja de limón.

SUGERENCIA

Utilice recortes de salmón ahumado para un plato más económico.

Jambalaya

La Jambalaya es un plato origenario Cajún. Hay tantas versiones distintas de este plato como personas que lo cocinan. Ésta es una receta sencilla en la que se utilizan gambas, pollo y salchicha ahumada.

Para 4 personas

INGREDIENTES

2 cucharadas de aceite vegetal
2 cebollas ligeramente picadas
1 pimiento verde sin semillas y ligeramente cortado
2 tallos de apio ligeramente cortado
3 dientes de ajo finamente picados
2 cucharaditas de paprika
300 g de pechuga de pollo sin piel, deshuesada y picada

100 g de salchichas kabanos en rodajas
3 tomates sin piel picados
450 g de arroz de grano largo
900 ml de caldo de pollo o de pescado caliente
1 cucharadita de orégano seco
2 hojas de laurel frescas
12 gambas gigantes

4 cebolletas finamente picadas
2 cucharadas de perejil fresco picado
sal y pimienta
ensalada para acompañar

1 Caliente el aceite vegetal en una sartén y agregue las cebollas, el pimiento, el apio y el ajo. Rehogue de 8 a 10 minutos hasta que las verduras se hayan ablandado. Añada la paprika y rehogue otros 30 segundos. Agregue el pollo y las salchichas y cueza de 8 a 10 minutos hasta que estén algo dorados. Incorpore los tomates y cueza otros 2 a 3 minutos hasta que se deshagan.

2 Añada el arroz y remueva bien. Vierta el caldo caliente, el orégano y las hojas de laurel y mezcle todo bien. Cubra y cueza a fuego muy lento 10 minutos.

3 Agregue las gambas y remueva bien. Cubra de nuevo y cueza de 6 a 8 minutos hasta que el arroz esté tierno y las gambas estén cocidas del todo.

4 Incorpore las cebolletas, el perejil, y sazone al gusto. Sirva de inmediato.

SUGERENCIA

Jambalaya es un plato que lleva unos ingredientes básicos: cebolla, pimiento verde, apio, arroz y condimento, y a esto le puede agregar lo que tenga a la mano.

Risotto de Langosta

Éste es un plato para una ocasión especial, sólo para dos.
Aumente los ingredientes proporcionalmente para una cena con más personas.

Para 2 personas

INGREDIENTES

1 langosta cocida, aproximadamente
   de 400-500 g
50 g de mantequilla
1 cucharada de aceite de oliva
1 cebolla finamente picada

1 diente de ajo finamente picado
1 cucharadita de hojas de tomillo
   fresco
175 g de arroz arborio
600 ml de caldo caliente de pescado

150 ml de vino espumoso
1 cucharadita de granos de pimienta
   verde o rosa en salmuera, escurridos
   y finamente picados
1 cucharada de perejil fresco picado

1 Para preparar la langosta, retire las pinzas dándoles vueltas. Abra las pinzas golpeándolas con el mango de un cuchillo y ponga aparte. Abra el cuerpo a lo largo. Retire y deseche la vena intestinal que va a lo largo de la cola, el estómago y la agallas parecidas a unas esponjas. Saque la carne de la cola y corte ligeramente. Reserve con las pinzas.

2 Caliente la mitad de la mantequilla y el aceite en una sartén grande. Agregue las cebollas y rehogue 4 ó 5 minutos hasta que se ablanden. Agregue el ajo y rehogue otros 30 segundos. Añada el tomillo y el arroz. Mezcle bien por 1 ó 2 minutos hasta que el arroz esté bien cubierto con la mantequilla y el aceite y se vea traslúcido.

3 Mantenga el caldo a fuego lento. Aumente el fuego de la sartén a moderado y vierta el caldo, un cucharón a la vez, remueva bien cada vez. Continúe hasta que se haya absorbido todo el caldo, unos 20 ó 25 minutos.

4 Incorpore la carne de langosta y las pinzas. Vierta el vino y mezcle, aumente el fuego. Cuando se haya absorbido el vino, retire la olla del fuego y agregue los granos de pimienta verde o rosa, el resto de la mantequilla y el perejil y mezcle bien. Deje reposar 1 minuto y sirva de inmediato.

VARIACIÓN

Para una version más económica
sustituya la langosta por
450 g de gambas.

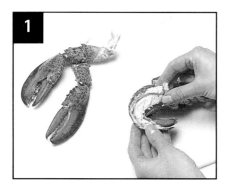

Risotto de Gambas y Espárragos

Éste es un plato peculiar pero muy llamativo. Se hace a base de gambas frescas y espárragos y es fácil de preparar, ideal para una cena improvisada.

Para 4 personas

INGREDIENTES

1,2 litros de caldo de verduras
375 g de espárragos en trozos de
   5 cm de largo
2 cucharadas de aceite de oliva
1 cebolla finamente picada
1 diente de ajo finamente picado

375 g de arroz arborio
450 g de gambas gigantes, peladas
   y sin venas
2 cucharadas de pasta de aceitunas
   o tapenade

2 cucharadas de albahaca fresca
   picada
sal y pimienta
queso parmesano para adornar

1 En una olla grande ponga el caldo de verduras a hervir. Agregue los espárragos y cueza 3 minutos hasta que estén tiernos. Escurra, conserve el líquido y refresque los espárragos con abundante agua fría. Escurra y ponga aparte.

2 Caliente el aceite en una sartén grande, agregue las cebollas y sofría a fuego lento 5 minutos hasta que estén blandas. Agregue el ajo y sofría otros 30 segundos. Añada el arroz y rehogue 1 ó 2 minutos hasta que esté cubierto con el aceite y traslúcido.

3 Mantenga el caldo a fuego lento. Aumente el fuego de la sartén a moderado y vierta el caldo con un cucharón, uno a la vez y removiendo bien cada vez. Continúe hasta que se haya absorbido casi todo el caldo, unos 20 ó 25 minutos.

4 Incorpore las gambas y los espárragos tras el último cucharón de caldo y cueza otros 5 minutos hasta que el arroz y las gambas estén tiernos y el caldo se haya absorbido. Retire del fuego.

5 Agregue la pasta de aceitunas, la albahaca y el condimento, mezcle y deje reposar 1 minuto. Sirva inmediatamente con virutas de queso parmesano.

Arroz Picante con Coco, Rape y Guisantes

Este plato tiene influencia tailandesa. Se cuece en leche de coco con rape picante asado y guisantes frescos.

Para 4 personas

INGREDIENTES

1 chile rojo picante sin semillas, picado
1 cucharadita de chile seco desmenuzado
2 dientes de ajo picados
2 pizcas de azafrán

3 cucharadas de hojas de menta ligeramente picadas
4 cucharadas de aceite de oliva
2 cucharadas de zumo de limón
375 g de filetes de rape cortado en trozos medianos
1 cebolla finamente picada

225 g de arroz de grano largo
una lata de 400 g de tomates picados
200 ml de leche de coco
115 g de guisantes
sal y pimienta
2 cucharadas de cilantro fresco para adornar

1 En una batidora eléctrica o picadora, mezcle los chiles frescos y secos, el ajo, el azafrán, la menta, el aceite de oliva y el zumo de limón hasta que estén triturados pero no suaves.

2 Coloque el rape en una fuente que no sea metálica y vierta la mezcla por encima, removiendo todo bien. Deje reposar 20 minutos para marinar.

3 Caliente una olla grande hasta que esté bien caliente. Con una espumadera, saque el rape de la marinada y póngalo en la olla. Cueza 3 ó 4 minutos hasta que esté dorado y firme. Retire con la espumadera y ponga aparte.

4 Agregue la cebolla y resto de la marinada a la misma olla y cueza 5 minutos hasta que esté suave y algo dorada. Incorpore el arroz, mezcle bien.

Añada los tomates y la leche de coco. Hierva, cubra y cueza a fuego muy lento 15 minutos. Agregue los guisantes y mezcle, sazone y coloque el pescado encima. Cubra con papel de aluminio y continúe cociendo 5 minutos a fuego muy lento. Sirva adornado con cilantro picado.

Sopa de Pescado y Pan

No he especificado el tipo de pescado que se puede utilizar para esta receta, use lo que tenga a la mano, pero anguila, raya o bacalao son una buena elección. Evite los pescados grasos como la caballa, el arenque o el salmón.

De 6 a 8 personas

INGREDIENTES

1,75 kg de pescado entero mixto
225 g de gambas crudas en su
  caparazón
2,25 litros de agua
150 ml de aceite de oliva
2 cebollas grandes ligeramente picadas
2 tallos de apio ligeramente picados
1 puerro ligeramente picado
1 bulbo de hinojo pequeño
  ligeramente picado
5 dientes de ajo machacados
1 tira de piel de naranja

3 cucharadas de zumo de naranja
un lata de 400 g de tomates picados
1 pimiento rojo sin semillas y en
  rodajas
1 hoja de laurel
1 ramita de tomillo fresco
una buena pizca de azafrán
una buena pizca de pimienta
  de cayena
6 a 8 rebanadas gruesas de pan
  de masa fermentada
sal y pimienta

SALSA DE PIMIENTO ROJO Y AZAFRÁN:
1 pimiento rojo sin semillas y cortado
  en cuatro
1 yema de huevo
una buena pizca de azafrán
una pizca de chile seco desmenuzado
150 ml de aceite de oliva
zumo de limón, si es necesario
sal y pimienta

1 Corte el pescado en filetes y conserve todas las espinas. Corte la carne ligeramente. Pele las gambas. Coloque las espinas del pescado y los caparazones en una olla grande con el agua y hierva. Cueza a fuego lento 20 minutos y cuele.

2 Caliente el aceite en una olla grande y agregue las cebollas,

el apio, el puerro, el hinojo y el ajo. Rehogue a fuego lento 20 minutos sin que lleguen a dorarse. Incorpore la piel de naranja y el zumo, los tomates, el pimiento rojo, la hoja de laurel, el tomillo, el azafrán, las gambas, los filetes de pescado y el caldo, y hierva y cueza a fuego lento 40 minutos.

3 Para preparar la salsa, con una brochita de cocina unte el aceite de oliva sobre el pimiento cortado en cuatro. Colóquelo debajo de un grill caliente de 8 a 10 minutos dándole la vuelta una vez hasta que la piel se haya ennegrecido y la carne esté tierna. Colóquelos en una bolsa de plástico.

4 Una vez que se haya enfriado, quítele la piel. Corte el resto ligeramente y métalo en una batidora

eléctrica con la yema de huevo, el azafrán, el chile desmenuzado y el condimento. Mezcle hasta que esté suave. Vierta el aceite de oliva en un hilo constante hasta que la salsa empiece a espesar. Continúe de esta forma. Agregue el condimento al gusto y el zumo de limón si lo desea.

5 Cuando la sopa esté cocida, lleve a una batidora eléctrica y mezcle hasta que esté suave, luego pase por un colador empujando con una paleta de madera. Devuélvala al fuego y sazone con la cayena, la sal y la pimienta al gusto.

6 Tueste el pan por ambos lados y coloque en el fondo de los platos de sopa. Vierta la sopa encima del pan y sirva con la salsa.

Pastel de Arenque y Patatas

La combinación de arenque, manzanas y patatas es muy popular en el norte de Europa.
Cuando se utiliza en ensaladas, se le añade, con frecuencia, remolacha.

Para 4 personas

INGREDIENTES

1 cucharadita de mostaza de Dijon
115 g de mantequilla blanda
450 g de arenque en filetes
750 g de patatas
2 manzanas para cocer, en rodajas
  delgadas

1 cebolla grande en rodajas
1 cucharadita de salvia fresca picada
600 ml de caldo caliente de pescado
  (para que llene la mitad de la
  fuente)

50 g de pan del tipo ciabatta sin
  corteza, rallado
sal y pimienta
ramitos de perejil para adornar

1 Mezcle la mostaza con 25 g de la mantequilla hasta que esté suave. Unte la mezcla por el lado en que cortó el arenque. Sazone y enrolle los filetes. Deje aparte. Engrase una fuente para hornear de 2 litros con un poco de la mantequilla restante.

2 Corte las patatas en rodajas delgadas. Escalde 3 minutos en abundante agua hirviendo con sal hasta que estén tiernas. Escurra bien, refresque debajo de abundante agua fría y seque dándoles golpecitos.

3 Caliente 25 g de la mantequilla restante en una sartén y agregue la cebolla. Rehogue de 8 a 10 minutos hasta que esté blanda pero no dorada. Retire del fuego y deje aparte.

4 Coloque las rodajas de patatas en el fondo de la fuente engrasada con algo de condimento y luego agregue la mitad de las manzanas y de la cebolla. Coloque los filetes de arenque encima de las cebollas y espolvoree la salvia. Repita este proceso por capas en sentido contrario para terminar con una capa de patatas. Sazone bien y vierta el caldo caliente.

5 Derrita el resto de la mantequilla y mezcle con el pan rallado hasta que esté todo bien combinado. Espolvoree el pan sobre el pastel. Ase en el horno caliente a 190°C de 40 a 45 minutos hasta que el pan rallado esté dorado y el arenque bien cocido. Sirva adornado con perejil.

VARIACIÓN

Si no consigue arenque, sustitúyalo
por caballa o sardinas.

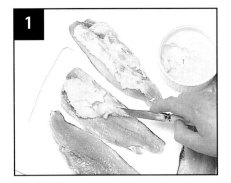

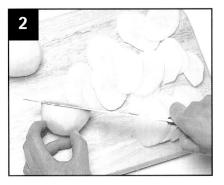

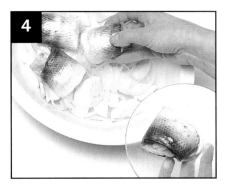

Picadillo de Bacalao Salado

Además de ser un plato sencillo para una cena,
puede resultar una entrada deliciosa.

Para 4 personas

INGREDIENTES

bacalao salado en casa (la mitad de
   lo que se utilizó en la receta de la
   página 90)
4 huevos
3 cucharadas de aceite de oliva,
   y un poco más para salpicar
8 tiras de panceta con grasa picada

700 g de patatas viejas cortadas
   en daditos
8 dientes de ajo
8 rebanadas gruesas de un buen
   pan blanco
2 tomates alargados sin piel, picados

2 cucharaditas de vinagre de vino
   tinto
2 cucharadas de perejil fresco picado
   y un poco más para adornar
sal y pimienta
trozos de limón para acompañar

1 Remoje el bacalao preparado en agua fría 2 horas. Escurra bien. En una olla grande ponga agua a hervir y agregue el pescado. Retire del fuego y deje reposar 10 minutos. Escurra el pescado en papel absorbente y desmenuce la carne. Ponga aparte. Deseche el agua.

2 En un cazo ponga agua a hervir y meta los huevos. Cueza 7 ó 9 minutos a partir del momento en que el agua empiece a hervir de nuevo, (7 minutos para un centro blando, 9 minutos para un centro firme).

Escurra inmediatamente y meta los huevos en agua fría para evitar que se sigan cociendo. Cuando se hayan enfriado lo suficiente, pele los huevos y corte ligeramente. Deje a un lado.

3 Caliente el aceite en una sartén grande y agregue la panceta. Rehogue a fuego moderado 4 ó 5 minutos hasta que esté crujiente y dorada. Retírela con una espumadera y escurra en papel absorbente. Incorpore las patatas a la sartén con el ajo y cueza a fuego moderado 8 ó 10 minutos hasta que estén crujientes y doradas.

4 Tueste el pan por ambos lados hasta dorar. Salpique con aceite de oliva y ponga aparte.

5 Incorpore los tomates alargados, la panceta, el pescado, el vinagre y los huevos picados a las patatas y el ajo. Cueza otros 2 minutos. Agregue y mezcle el perejil y sazone al gusto. Sirva el picadillo encima de las tostadas y decore con perejil y trozos de limón.

Pizza Marinara

Tradicionalmente, la pizza de mariscos no lleva queso, pero en este caso protege el pescado para que no se cueza demasiado y le da más textura.

Para 4 personas

INGREDIENTES

225 g de harina de fuerza
1 cucharadita de sal
7 g de levadura
2 cucharadas de aceite de oliva
150 ml de agua tibia

SALSA DE TOMATE:
2 cucharadas de aceite de oliva
1 cebolla pequeña finamente picada
1 diente de ajo machacado

una lata de 400 g de tomates picados
1 cucharadita de orégano seco
1 cucharada de pasta de tomate
sal y pimienta

MEZCLA DE MARISCOS:
16 mejillones vivos, limpios y sin
 filamentos
16 almejas grandes limpias
1 cucharada de aceite de oliva

12 gambas gigantes
225 g de calamar limpio y cortado
 en aros
2 bolas de queso mozzarella de
 150 g escurridas y rebanadas
aceite de oliva para salpicar
un puñado de hojas de albahaca
sal y pimienta

1 Para hacer la base para la pizza, mezcle en un recipiente grande la harina, la sal y la levadura. Agregue el aceite y suficiente agua para hacer una masa suave. Amase en una superficie enharinada 5 minutos hasta que esté suave y elástica.

2 Forme una bola uniforme con la masa y déjela en un recipiente engrasado con aceite. Échele un chorrito de aceite a la masa, cubra con un pañito de cocina limpio y deje que se levante en un lugar tibio 1 hora o hasta que la masa haya aumentado el doble de su tamaño.

3 Mientras tanto, haga la salsa. Caliente aceite en una olla a fuego medio. Agregue la cebolla y rehogue 5 minutos hasta que se ablande. Agregue el ajo y rehogue unos segundos. Añada los tomates, el orégano, la pasta de tomate y sazone. Hierva y cueza a fuego lento, destapado, 30 minutos hasta que espese. Deje enfriar.

4 Para preparar los mariscos, coloque los mejillones y las almejas en una olla con sólo el agua que tienen en sus conchas. Cubra y cueza a fuego alto 3 ó 4 minutos agitando la olla de vez en cuando, hasta que las conchas se hayan abierto. Deseche las que permanezcan cerradas. Escurra y deseche el líquido. Cuando estén fríos saque los mariscos de sus conchas y deje aparte.

5 Caliente el aceite en una sartén y agregue las gambas y los calamares. Rehogue durante 2 ó 3 minutos hasta que las gambas adquieran una tonalidad rosa y el calamar esté firme. No cueza demasiado en este momento.

6 Caliente el horno a 230°C con las bandejas de horno adentro colocadas en las rejillas de arriba y del centro. Amase la masa de nuevo y divídala en 2 formando un círculo de 25 cm cada uno. Colóquelos en bandejas de horno enharinadas.

7 Unte cada pizza con la mitad de la pasta de tomate y disponga los mariscos encima. Sazone y espolvoree el queso. Rocíe un poquito de aceite de oliva y ponga estas bandejas sobre las bandejas precalentadas. Hornee de 12 a 15 minutos intercambiándolas de lugar cuando haya transcurrido la mitad del tiempo de cocción y hasta que estén doradas. Sirva inmediatamente con albahaca por encima.

Tarta de Cebolla y Atún

Ésta es una variación de la Pissaladiére, la clásica tarta francesa de cebollas cocidas a fuego lento en una base de pan, muy parecida a la pizza.

Para 4 personas

INGREDIENTES

225 g de harina de fuerza
1 cucharadita de sal
7 g de levadura
2 cucharadas de aceite de oliva
150 ml de agua tibia

PARA CUBRIR LA TARTA:
50 g de mantequilla
2 cucharadas de aceite de oliva
900 g de cebollas cortadas en
   rodajas delgadas
1 cucharadita de azúcar
1 cucharadita de sal

1 cucharadita de hojas de tomillo
   fresco
una lata de atún de 200 g escurrido
80 g de aceitunas negras deshuesadas
pimienta
ensalada verde para acompañar

1 Para hacer el relleno de la tarta, caliente la mantequilla y el aceite en una olla grande y agregue las cebollas. Mezcle bien y rehogue tapadas a fuego lento 20 minutos. Agregue el azúcar y la sal. Rehogue tapados a fuego muy lento otros 30 ó 40 minutos removiendo hasta que se disuelvan y se empiecen a dorar. Destape y cueza otros 10 ó 15 minutos hasta que esté bien dorado. Retire del fuego, añada el tomillo y el condimento y mezcle bien.

2 Mientras tanto, haga la base. En un recipiente grande, mezcle la harina, la sal y la levadura. Agregue el aceite y suficiente agua para hacer una masa suave que no se pegue al recipiente. Coloque la masa en una superficie enharinada y amase 5 minutos hasta que esté suave y elástica. Alternativamente, utilice una batidora y mezlce 5 minutos.

3 Haga una bola con la masa y colóquela en un recipiente engrasado ligeramente. Rocíe un poco

de aceite por encima de la masa y cubra con un pañito de cocina limpio y deje aparte en un lugar tibio para que se levante, 1 hora o hasta que la masa haya crecido el doble de su tamaño.

4 Caliente el horno a 220°C y coloque una bandeja de horno en la rejilla de arriba. Amase la masa de nuevo empujando el centro con su puño. Colóquela en la superficie de trabajo y amase brevemente. Estire la masa con un rodillo para que quepa en un molde engrasado para brazo de gitano de unos 32,5 x 23 cm, dejando que sobresalga un poco del borde. Quizás tenga que estirar la masa para

que se ajuste al molde ya que a pesar de ser muy elástica tiende a resistirse.

5 Coloque las cebollas en una capa uniforme sobre la masa. Desmenuce el atún y acomode encima de las cebollas. Distribuya las aceitunas sobre el atún y sazone con pimienta negra. Lleve el molde al horno y colóquelo sobre la bandeja de horno precalentada y cueza durante 20 minutos hasta que la masa esté dorada. Sirva de inmediato con ensalada verde.

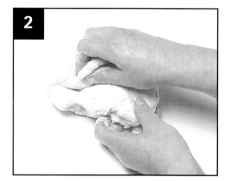

Empanadillas de Pescado

Ésta es una variación de la clásica empanadilla Cornish (rellena de patatas y carne). En este caso está rellena de pescado.

Para 4 personas

INGREDIENTES

450 g de harina leudante
una pizca de sal
225 g de mantequilla en cubitos
1 huevo ligeramente batido

RELLENO:
50 g de mantequilla
80 g de puerro, en daditos

80 g de cebolla finamente picada
80 g de zanahoria en daditos
225 g de patatas en daditos
350 g de pescado blanco de carne firme
  (utilice el más económico posible),
  en trozos de 2,5 cm
4 cucharaditas de vinagre de vino
  blanco

25 g de queso Cheddar, rallado
1 cucharadita de estragón fresco
  picado
sal y pimienta

PARA ADORNAR:
hojas mixtas de ensalada y tomates

1 Pase por un colador la harina y la sal sobre un recipiente grande. Agregue la mantequilla y mezcle con sus dedos hasta que tenga la consistencia de las migas de pan. Agregue 3 cucharadas de agua fría para formar una masa. Amase brevemente hasta que esté suave. Envuelva en papel transparente y refrigere 30 minutos.

2 Para hacer el relleno, derrita la mitad de la mantequilla en una olla grande y agregue el puerro, la cebolla y la zanahoria. Rehogue a fuego lento 7 u 8 minutos hasta que las verduras se ablanden. Retire del fuego,

coloque a un lado y deje que la mezcla se enfríe un poco.

3 Coloque la mezcla de verduras en un recipiente grande e incorpore las patatas, el pescado, el vinagre y el resto de la mantequilla, el queso, el estragón y el condimento. Deje aparte.

4 Saque la masa del frigorífico y con un rodillo estire hasta dejarla bien delgada. Con un cortamasas, corte 4 discos de 19 cm. Alternativamente, utilice un plato pequeño del mismo tamaño. Divida el relleno entre los cuatro discos. Humedezca los bordes y

doble. Pellizque para sellarlos y coloque las empanadillas sobre una bandeja de horno ligeramente engrasada. Con una brochita de cocina unte cada una con abundante huevo batido evitando la base para que no se peguen a la bandeja.

5 Lleve al horno caliente a 200°C durante 15 minutos. Retire del horno y unte con más huevo. Devuelva al horno otros 20 minutos. Sirva calientes o frías con las hojas mixtas de ensalada y los tomates.

Crepes de Alforfón con Salmón Ahumado y Crème Fraîche

La harina de alforfón se utiliza tradicionalmente en las tortitas que se hacen en Bretaña. Se consigue en los grandes supermercados y en las tiendas de productos naturistas.

Para 4 personas

INGREDIENTES

55 g de harina común
55 g de harina de alforfón
una pizca de sal
2 huevos grandes
200 ml de leche
85 ml de agua
25 g de mantequilla derretida
aceite vegetal para freír

RELLENO:
120 ml de crème fraîche
1 cucharada de alcaparras, escurridas, enjuagadas y ligeramente picadas
3 cebolletas finamente picadas
1 chile rojo sin semillas y finamente picado
1 cucharada de eneldo fresco picado

1 cucharada de cebollinos frescos picados
1 cucharadita de piel de limón
225 g de salmón ahumado en lonchas
sal y pimienta

1 Para hacer el relleno, mezcle la crème fraîche, las alcaparras, las cebolletas, el chile rojo, el eneldo, los cebollinos, la piel de limón y el condimento y ponga aparte.

2 Para hacer las crepes de alforfón, pase por un colador la harina y la sal sobre un recipiente grande. Haga un orificio en el centro y agregue los huevos. Mezcle la leche y el agua y vierta la mitad de esta mezcla en la harina y los huevos. Mezcle todo bien

hasta obtener una pasta suave. Poco a poco vierta el resto de la leche hasta que la mezcla esté suave. Incorpore la mantequilla derretida y mezcle bien.

3 Caliente a fuego moderado una plancha para crepes o una sartén de 20 cm. Impregne un pedazo de papel absorbente con aceite y engrase la sartén con una capa fina. Vierta unas dos cucharadas de la mezcla en la sartén y mueva de lado a lado para que la mezcla cubra el fondo completamente. Cueza

1 minuto hasta que los bordes empiecen a levantarse de la sartén. Con un cuchillo grande en forma de paleta, levante la crepe y déle la vuelta. Debería tener un color dorado pálido. Cueza 30 segundos por el otro lado. Sáquela y colóquela en un plato caliente. Engrase la sartén de nuevo, caliente y repita el procedimiento hasta hacer 12 ó 14 crepes, dependiendo del grosor.

4 Coloque una loncha del salmón ahumado en cada crepe y eche encima unas dos cucharaditas de la mezcla de crème fraîche. Dóblela por la mitad dos veces para formar un triángulo.

Ocasiones Especiales

Las recetas de este capítulo han sido elaboradas para esos momentos en que realmente quiere impresionar a sus invitados. Los pescados y mariscos son perfectos para esas ocasiones especiales.

Normalmente los pescados y mariscos son más exóticos que las carnes y aun así, con frecuencia, son más fáciles de preparar. Los mariscos, en particular, tienen la reputación de ser un plato de lujo, pero hoy en día se consiguen ya preparados y a un precio razonable.

Aquí encontrará una receta para todo tipo de bolsillo, destreza y gusto, desde la Cola de Rape Rellena y el Suflé de Cangrejo, hasta la Tarta de Trucha Ahumada y el Roulade de Espinacas.

También se incluye una selección de platos más tradicionales como el Pastel de Pescado de Lujo y el Lenguado a la Florentina, así como platos más interesantes como la Jibia en su Tinta.

Raya con Mantequilla Negra

La raya tiene un sabor fuerte que lo hace un pescado muy sabroso. Por lo tanto, es perfecto acompañarlo con la salsa que se prepara en esta receta, porque tiene un sabor picante. Personalmente, me gusta servirlo con patatas hervidas y alguna verdura verde.

Para 4 personas

INGREDIENTES

900 g de aletas de raya cortadas en
  4 pedazos
175 g de mantequilla
50 ml de vinagre de vino tinto
15 g de alcaparras escurridas
1 cucharada de perejil fresco picado
sal y pimienta

COURT-BOUILLON:
850 ml de agua fría
850 ml de vino blanco seco
3 cucharadas de vinagre de vino
  blanco
2 zanahorias grandes ligeramente
  cortadas
1 cebolla ligeramente picada
2 tallos de apio ligeramente picados
2 puerros ligeramente picados

2 dientes de ajo ligeramente picados
2 hojas de laurel fresco
4 ramitas de perejil
4 ramitas de tomillo
6 granos de pimienta negra
1 cucharadita de sal

PARA ACOMPAÑAR:
patatas tempranas
verdura verde

1 Empiece haciendo el court-bouillon. Coloque todos los ingredientes en un olla grande y cueza lentamente hasta hervir. Cubra y cueza a fuego lento 30 minutos. Pase el líquido por un colador fino sobre una olla limpia. Hierva de nuevo y cueza destapado 15 ó 20 minutos hasta que se haya reducido a 600 ml.

2 Coloque la raya en una olla ancha y no muy profunda y vierta el court-bouillon. Hierva y cueza a fuego lento 15 minutos o un poquito más dependiento del grosor de la raya. Escurra el pescado y coloque aparte. Conserve caliente.

3 Mientras tanto, derrita la mantequilla en una sartén. Cueza a fuego moderado hasta que la mantequilla cambie de color a un marrón oscuro y desprenda un olor a nuez.

4 Agregue el vinagre, las alcaparras y el perejil y cueza a fuego lento 1 minuto. Incorpore el pescado. Sirva inmediatamente con suficientes patatas tempranas y cualquier verdura verde de la estación de su preferencia.

Lenguado a la Meunière

El lenguado a la Meunière o "al estilo de la esposa del molinero", lleva este nombre por la delgada capa de harina que se le coloca al pescado antes de freírlo. Rick Stein, jefe de cocina en pescados y mariscos, sugiere que se le agregue un poquito de limón preservado para darle al plato un toque picante.

Para 4 personas

INGREDIENTES

50 g de harina común
1 cucharadita de sal
4 lenguados de 400 g, limpios
 y sin piel
150 g de mantequilla

3 cucharadas de zumo de limón
1 cucharada de perejil fresco picado
$1/4$ de limón preservado finamente
 picado (opcional)

sal y pimienta
trozos de limón para servir

1 Mezcle la harina con la sal y colóquela en un plato largo o bandeja. Reboce el pescado en la harina, uno cada vez, y sacuda bien para eliminar el exceso de harina. Derrita 40 g de la mantequilla en un cazo y use para untar el pescado con una brochita de cocina.

2 Coloque el pescado debajo de un grill caliente y ase 5 minutos por cada lado.

3 Mientras tanto, derrita el resto de la mantequilla en una olla. Vierta agua fría en un recipiente suficientemente grande para que quepa la base de la olla. Ponga a un lado.

4 Caliente la mantequilla hasta que se dore y desprenda olor a nuez. Retire inmediatamente del fuego e introduzca la olla en el recipiente con agua fría, para evitar que siga cociendo.

5 Coloque el pescado en platos individuales, salpique con zumo de limón, con el perejil y el limón preservado, si lo está usando. Vierta la mantequilla dorada y sirva de inmediato con trozos de limón.

SUGERENCIA

Si tiene una olla lo suficientemente grande (o dos), puede rehogar el pescado enharinado en mantequilla, si

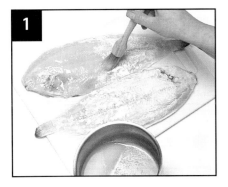

Lenguado a la Florentina

Ésta es una combinación clásica de filetes de lenguado enrollados en una cremosa salsa de queso
y cocidos con espinacas. Para ahorrar tiempo, prepare la salsa de queso por adelantado.

Para 4 personas

INGREDIENTES

600 ml de leche
2 tiras de piel de limón limón
2 ramitas de estragón fresco
1 hoja de laurel fresco
1/2 cebolla en rodajas
50 g de mantequilla
50 g de harina común
2 cucharaditas de mostaza en polvo

25 g de queso parmesano fresco,
  rallado
300 ml de nata para montar
una pizca de nuez moscada fresca
  rallada
450 g de espinacas frescas, lavadas
4 lenguados de 750 g cortados en
  cuatro filetes (dos de cada lado
  del pescado)

sal y pimienta

PARA ACOMPAÑAR:
ensalada verde
pan crujiente

1 Coloque la leche, la piel de limón, el estragón, la hoja de laurel y la cebolla en una olla y cueza a fuego lento hasta hervir. Retire del fuego y deje reposar 30 minutos para hacer una infusión.

2 Derrita la mantequilla en una olla limpia y agregue la harina y la mostaza en polvo hasta obtener una pasta suave. Cuele la leche en infusión, descarte el limón, las hierbas y la cebolla. Poco a poco, incorpore la mantequilla y la harina hasta que esté

suave. Cueza a fuego lento hasta hervir, removiendo constantemente hasta que espese. Cueza a fuego lento 2 minutos. Retire del fuego y agregue el queso, la nata para montar, la nuez moscada y el condimento y remueva bien. Cubra la salsa con papel transparente y deje aparte.

3 Engrase ligeramente una fuente de horno grande. Escalde las hojas de espinacas en abundante agua salada hirviendo 30 segundos. Escurra y refresque debajo de abundante agua fría.

Escurra de nuevo y seque dándoles golpecitos con papel absorbente. Coloque una capa de espinacas en el fondo de la fuente engrasada.

4 Lave y seque los filetes de pescado. Sazone y enróllelos. Colóquelos encima de las espinacas y vierta la salsa de queso. Lleve al horno caliente a 200°C y ase 35 minutos hasta que esté burbujeando y dorado. Sirva inmediatamente con ensalada verde y pan crujiente.

VARIACIÓN

Para una versión más económica de este
plato use platija en lugar de lenguado.

San Pedro en Papillote

El encanto de este plato es que el pescado se cuece con una selección de verduras,
así que sólo necesitará unas cuantas patatas tempranas para acompañarlo.

Para 4 personas

INGREDIENTES

2 pescados de San Pedro fileteados
115 g de aceitunas negras
  deshuesadas
12 tomates cereza partidos por
  la mitad

115 g de judías verdes sin
  los extremos
un puñado de hojas de albahaca
  fresca
4 rodajas de limón fresco

4 cucharaditas de aceite de oliva
sal y pimienta
hojas de albahaca fresca para adornar
patatas tempranas para acompañar

1 Lave y seque los filetes de pescado y ponga a un lado. Corte 4 rectángulos de papel parafinado de unos 45 x 30 cm. Doble por la mitad para obtener un rectángulo de 23 x 30 cm. Córtelos en forma de corazón grande y abra.

2 Coloque un filete encima de una de las mitades del papel en forma de corazón. Coloque encima un cuarto de las aceitunas, los tomates, las judías verdes, la albahaca y una rodaja de limón. Salpique con 1 cucharadita de aceite de oliva y sazone bien con sal y pimienta.

3 Doble la otra mitad del papel y los extremos para cerrarlo todo. Repita este procedimiento con los otros filetes, hasta obtener 4 paquetes.

4 Colóquelos sobre una bandeja de horno y lleve al horno caliente a 200°C durante 15 minutos o hasta que el pescado esté tierno.

5 Coloque cada paquete sin abrir encima de un plato para que cada persona lo abra y disfrute del delicioso aroma. Sugiérales que adornen sus porciones con albahaca fresca y sirva con abundantes patatas tempranas.

VARIACIONES

Unte el pescado con un poquito de
pasta de aceitunas, unos tomates
secados al sol, un poquito de queso
de cabra y albahaca fresca.

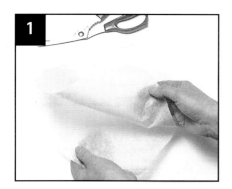

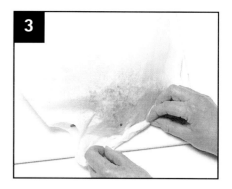

Róbalo Asado al Grill con Estofado de Alcachofas

En esta receta las alcachofas baby se cuecen a fuego lento con aceite de oliva, ajo, tomillo y limón, para crear una mezcla suave de sabores que van en perfecta armonía con el pescado, sin que dominen demasiado.

Para 6 personas

INGREDIENTES

1,75 kg de alcachofas baby
2$\frac{1}{2}$ cucharadas de zumo de limón
   fresco y las mitades del limón
150 ml de aceite de oliva

10 dientes de ajo finamente picados
1 cucharada de tomillo fresco y un
   poco más para adornar
6 filetes de róbalo de 115 g

1 cucharada de aceite de oliva
sal y pimienta
pan crujiente para acompañar

1 Quite las hojas duras del exterior de la alcachofa hasta ver el centro amarillo-verdoso. Corte el extremo de arriba más o menos a la mitad entre el tallo y la punta. Corte el tallo y pele lo que queda de las hojas verdes alrededor de la parte de abajo de la alcachofa.

2 Sumerga las alcachofas en agua con las mitades del limón para evitar que se pongan marrones. Tras preparar todas las alcachofas, colóquelas con la pelusa hacia abajo y córtelas en rodajas finas.

3 Caliente el aceite de oliva en una olla grande y agregue las alcachofas en rodajas, el ajo, el tomillo, el jugo de limón y el condimento. Cubra y rehogue a fuego lento 20 ó 30 minutos sin que cambien de color, hasta que estén tiernas.

4 Mientras tanto y con una brochita de cocina, unte con el resto del aceite de oliva los filetes de róbalo y sazone bien. Colóquelos debajo de un grill caliente o en la parrilla 3 ó 4 minutos por cada lado hasta que estén tiernos.

5 Divida el estofado de alcachofas en los platos y acomode el filete de róbalo encima. Adorne con tomillo picado y sirva con abundante pan crujiente.

VARIACIONES

Las alcachofas cocidas de esta forma van bien con bacalao, halibut o salmón.

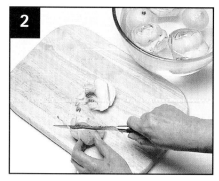

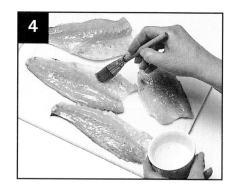

Róbalo con Ratatouille

El róbalo es, sin duda alguna, el rey de los pescados oblongos por su exquisito sabor y textura. En esta receta se cuece de forma muy sencilla y se sirve con una sabrosa salsa de ratatouille y un aderezo de albahaca.

Para 4 personas

INGREDIENTES

2 róbalos grandes en filetes
aceite de oliva para untar con
   una brochita
sal y pimienta

RATATOUILLE:
1 berenjena grande
2 calabacines medianos
1 cucharada de sal marina
4 cucharadas de aceite de oliva

1 cebolla mediana ligeramente picada
2 dientes de ajo machacados
$1/2$ pimiento rojo sin semillas y
   ligeramente picado
$1/2$ pimiento verde sin semillas y
   ligeramente picado
2 tomates grandes maduros sin piel
   y picados
1 cucharada de albahaca freca picada

ADEREZO:
5 cucharadas de albahaca fresca
   ligeramente picada
2 dientes de ajo ligeramente picados
4 cucharadas de aceite de oliva
1 cucharada de zumo de limón
sal y pimienta

1 Para preparar la ratatouille, corte la berenjena y los calabacines en trozos aproximadamente del mismo tamaño que las cebollas y los pimientos. Coloque la berenjena y los calabacines en un colador con la sal y póngalos aparte para que se escurran durante 30 minutos. Enjuague bien y seque dándoles golpecitos con papel absorbente. Deje aparte.

2 Caliente el aceite en una olla grande y agregue las cebollas y el ajo. Rehogue a fuego lento 10 minutos hasta que se ablanden. Agregue los pimientos, la berenjera y los calabacines. Sazone al gusto y remueva bien. Cubra y cueza a fuego lento 30 minutos hasta que las verduras estén blandas. Agregue los tomates y cueza otros 15 minutos.

3 Mientras tanto, prepare el aderezo. Coloque la albahaca, el ajo y la mitad del aceite de oliva en una trituradora eléctrica y mezcle hasta que estén finamente picados. Agregue el resto del aceite de oliva, el limón y el condimento.

4 Sazone los filetes de róbalo y con una brochita úntelos con un poquito de aceite de oliva. Caliente una sartén muy bien e introduzca el pescado con la piel hacia abajo. Fría 2 ó 3 minutos hasta que la piel esté dorada y crujiente. Déle la vuelta y fría otros 2 ó 3 mintuos hasta que esté completamente cocido.

5 Para servir, incorpore la albahaca en la ratatouille y divídala en cantidades iguales en cuatro platos. Coloque el pescado frito encima y vierta una cucharada del aderezo.

Róbalo Entero con Jengibre y Cebolletas

Éste es un plato rico inspirado en una receta oriental. Tiene el delicado sabor de las cebolletas, el jengibre y la salsa de soja. Tenga cuidado al echar el aceite caliente sobre el pescado y las cebolleta,s porque puede salpicar un poco.

Para 4 personas

INGREDIENTES

800 g de róbalo entero limpio y escamado
4 cucharadas de salsa de soja
5 cebolletas cortadas a lo largo en juliana

2 cucharadas de jengibre fresco en tiras
4 cucharadas de hojas de cilantro fresco
5 cucharaditas de aceite de girasol

1 cucharadita de aceite de sésamo
4 cucharadas de caldo caliente de pescado
arroz cocido al vapor para acompañar
trozos de lima para adornar

1 Lave y seque el pescado. Con una brochita de cocina úntele 2 cucharadas de salsa de soja. En una bandeja para cocer al vapor o en un plato grande distribuya la mitad de las cebolletas y todo el jengibre y coloque el pescado encima.

2 Coloque una vaporera sobre una olla de agua hasta la mitad. Hierva el agua y coloque el plato con el róbalo en la vaporera y cubra bien. Deje hervir el agua y cueza el pescado al

vapor 10 ó 12 minutos hasta que esté tierno.

3 Con mucho cuidado retire el plato y coloque el pescado en la fuente donde se va a servir sin las cebolletas ni el jengibre. Eche por encima el resto de las cebolletas y las hojas de cilantro.

4 Coloque el aceite de girasol en un cazo y caliente hasta que casi empiece a soltar humo. Agregue

el aceite de sésamo y vierta inmediatamente sobre el pescado y las cebolletas. Mezcle el resto de la salsa de soja con el caldo de pescado y vierta sobre el pescado. Sirva inmediatamente con arroz cocido al vapor y adorne con trozos de lima.

Filetes Fríos de Bacalao Hervido con Salsa de Verduras a la Vinagreta

El bacalao hervido tiene un sabor delicado. En esta receta se acompaña con una salsa picante de verduras de diferentes colores, picadas en daditos. Todo se sirve frío.

Para 4 personas

INGREDIENTES

1 zanahoria pequeña en rodajitas
1 cebolla pequeña en rodajas finas
1 tallo de apio en rodajas finas
3 ramitas de perejil fresco
3 ramitas de tomillo fresco
1 diente de ajo en rodajitas
1,75 l de agua
1 cucharadita de sal
4 rodajas de bacalao de 175 g

SALSA DE VERDURAS A LA VINAGRETA:
1 zanahoria pequeña picada en dados
$^{1}/_{4}$ de pimiento rojo sin semillas y en dados
$^{1}/_{2}$ cebolla roja pequeña en dados
1 diente de ajo picado finamente
3 cucharadas de pepinillos en vinagre
4 cucharadas de aceitunas verdes deshuesadas, picadas
1 cucharada de alcaparras escurridas y enjuagadas

2 anchoas saladas picadas y remojadas, cambiando el agua varias veces, unos 15 minutos
1 cucharada de vinagre de vino tinto
100 ml de aceite de oliva
2 cucharadas de perejil fresco picado
sal y pimienta
hojas de ensalada para acompañar

1 Coloque la zanahoria, la cebolla, el apio, el perejil, el tomillo, el ajo, el agua y la sal en una olla grande. Hierva y cueza a fuego lento 10 minutos. Agregue el pescado y hierva 5 ó 7 minutos hasta que esté sólo firme en el centro. Retire el pescado con una espumadera y deje enfriar. Conserve en el frigorífico durante 2 horas.

2 Mientras tanto, prepare las verduras a la vinagreta. En un recipiente que no sea de metal, mezcle la zanahoria, el pimiento rojo, la cebolla roja, el ajo, los pepinillos, las aceitunas, las alcaparras, las anchoas, el vinagre, el aceite de oliva y el perejil. Sazone al gusto, agregando un poquito más de vinagre o aceite de oliva al gusto. Cubra y deje reposar en el frigorífico 1 hora.

3 Para servir, coloque cada una de las rodajas en cuatro platos por separado. Con una cucharilla eche la salsa de verduras por encima. Sirva inmediatamente con hojas de ensalada aderezadas.

Brema a la Sal

Cocer el pescado con una capa de sal asegura que la carne
se mantenga jugosa sin que sepa salada.

Para 4 personas

INGREDIENTES

1 kg de brema entera
1 chalote en rodajas delgadas
2 ramitas de perejil fresco
1 ramita de estragón fresco
2 dientes de ajo ligeramente picados
2-2,5 kg de sal marina gruesa

SALSA DE MANTEQUILLA CON LIMÓN:
2 chalotes picados en trozos muy
pequeños
4 cucharadas de zumo de limón
300 g de mantequilla sin sal fría en
daditos

sal y pimienta

PARA ADORNAR:
trozos de limón
hierbas frescas

1 Lave y seque la brema. Rellene el interior del cuerpo con los chalotes, el perejil, el estragón y el ajo. Deje aparte.

2 Cubra con una capa gruesa de sal una bandeja de horno suficientemente grande para poner el pescado, dejando mucho espacio a su alrededor. Coloque el pescado y cúbralo completamente con el resto de la sal. Salpique un poco de agua por encima. Lleve al horno caliente durante 25 minutos a 220°C.

3 Para preparar la salsa de mantequilla con limón, coloque los chalotes y el zumo de limón en una olla y cueza a fuego lento 5 minutos. Aumente el fuego hasta que el zumo de limón se haya reducido a la mitad. Baje el fuego y agregue la mantequilla, un trozo cada vez, removiendo constantemente hasta incorporarla toda y hasta que la salsa esté espesa. Sazone al gusto y mantenga caliente.

4 Retire el pescado del horno y déjelo reposar 5 minutos antes de romper la sal con un rodillo. Saque el pescado y adorne con trozos de limón y hierbas frescas y sirva con la salsa de mantequilla con limón.

SUGERENCIA

Utilice sal pura sin aroma,
si la consigue, en lugar de la sal de
mesa más cara.

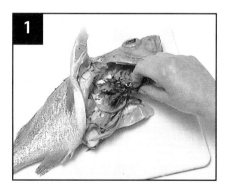

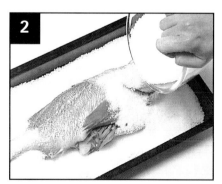

Jibia en su Tinta

Éste es un plato con una apariencia impresionante, porque se incorpora la tinta de la jibia.
Aunque es típico de España, lo he acompañado con polenta para hacer un estupendo contraste
con lo oscuro del estofado y el amarillo pálido de la polenta.

Para 4 personas

INGREDIENTES

450 g de jibia pequeña con
su tinta (o sustituya
por calamares)
4 cucharadas de aceite de oliva
1 cebolla pequeña picadita

2 dientes de ajo picados
1 cucharadita de pimentón,
175 g de tomates maduros,
sin piel, sin semillas y picados
150 ml de vino tinto

150 ml de caldo de pescado
225 g de polenta instantánea
3 cucharadas de perejil fresco picado
sal y pimienta

1 Para preparar la jibia, corte los tentáculos enfrente de los ojos y retire la boca en forma de pico en medio de los tentáculos. Separe la cabeza del cuerpo y deseche. Con un cuchillo, abra a lo largo de la espalda oscura. Saque el espinazo y las tripas y conserve el saco con la tinta. Quítele la piel al cuerpo. Corte la carne ligeramente y deje aparte. Abra el saco con la tinta y diluya con un poquito de agua. Ponga a un lado.

2 Caliente el aceite en una olla grande y agregue la cebolla. Sofría a fuego lento de 8 a 10 minutos hasta que se ablande y empiece a dorarse. Agregue el ajo y sofría otros 30 segundos. Incorpore la jibia y rehogue otros 5 minutos hasta que empiece a dorarse. Añada el pimentón y remueva unos 30 segundos antes de agregar los tomates. Cueza por 2 ó 3 minutos hasta que se deshagan.

3 Vierta el vino rojo, el caldo de pescado y la tinta diluida y remueva bien. Hierva y cueza a fuego lento, destapado, 25 minutos hasta que la jibia esté tierna y la salsa haya espesado. Sazone al gusto.

4 Mientras tanto, cueza la polenta siguiendo las instrucciones del paquete. Cuando esté cocida retire del fuego y agregue el perejil y el condimento, remueva bien.

5 Divida la polenta entre los platos donde se va a servir, y coloque la jibia con su salsa encima.

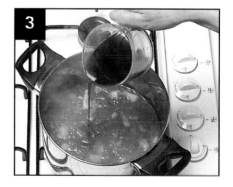

Noisettes de Salmón

Ésta es una forma interesante y elegante de presentar un filete de salmón común.

Para 4 personas

INGREDIENTES

4 rodajas de salmón
50 g de mantequilla blanda
1 diente de ajo machacado
2 cucharaditas de mostaza en semillas
2 cucharadas de tomillo fresco picado

1 cucharada de perejil fresco picado
2 cucharadas de aceite vegetal
4 tomates sin piel, sin semillas
 y picados
sal y pimienta

PARA ACOMPAÑAR:
patatas tempranas
verduras verdes o ensalada

1 Con mucho cuidado, retire la espina del centro de las rodajas y córtelas por la mitad. Enrolle cada pedazo para formar un medallón y asegúrelo con bramante. Mezcle la mantequilla, el ajo, la mostaza en semilla, el tomillo, el perejil y el condimento y deje aparte.

2 Caliente el aceite en una plancha con surcos o en una sartén y dore las noisettes de salmón por ambos lados. Escurra en papel absorbente y deje enfriar.

3 Corte 4 pedazos de papel parafinado en cuadrados de 30 cm. Coloque 2 noissetes encima de cada cuadrado y unte por encima con un poquito de la mantequilla sazonada y el tomate. Junte los extremos del papel y doble para encerrar el pescado. Colóquelos en una bandeja de horno.

4 Llévelos al horno caliente a 200°C de 10 a 15 minutos o hasta que el salmón esté completamente cocido. Sirva inmediatamente con patatas tempranas y una verdura verde de su preferencia.

VARIACIONES

También puede utilizar bacalao para hacer noisettes. Cueza con una mantequilla sazonada con cebollinos y albahaca.

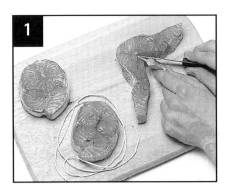

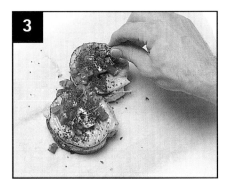

Salmón Entero Hervido

*Aunque este pescado es muy simple de cocer,
un salmón entero siempre causa una buena impresión.*

De 4 a 6 personas

INGREDIENTES

1,5 kg de salmón, limpio y escamado
court-bouillon (3 veces la cantidad
que se utiliza para la Trucha Arco
Iris Escalfada, página 122)
$^1/_2$ pepino en rodajas muy finas

MAYONESA DE BERRO:
1 yema de huevo
1 diente de ajo machacado
1 cucharadita de mostaza de Dijon
1 cucharada de zumo de limón

50 g de hojas de berro ligeramente
   picadas
1 cucharada de albahaca fresca picada
225 ml de aceite de oliva
1 cebolleta picada
sal y pimienta

---

1 Lave y seque el salmón y elimine las aletas. Coloque el salmón en una besuguera o en un molde de horno grande y de base pesada. Vierta el court-bouillon por encima. Cueza a fuego lento hasta hervir y tan pronto como el líquido comience a burbujear, retire del fuego y deje enfriar.

2 Mientras tanto, haga la mayonesa de berro. Coloque la yema de huevo, el ajo, la mostaza, el zumo de limón, el berro y la albahaca en una batidora eléctrica o trituradora y mezcle

hasta que todas las hierbas estén bien picaditas. Vierta el aceite de oliva gota a gota primero hasta que la mezcla empiece a espesar. Continúe agregando el aceite en un hilo constante hasta incorporarlo totalmente. Coloque la mayonesa en un recipiente y agregue las cebolletas y el condimento. Conserve en el frigorífico, si es necesario.

3 Cuando el salmón esté frío, sáquelo con mucho cuidado del líquido y seque dándole golpecitos con papel absorbente. Con mucho cuidado

desprenda la piel del lado más gordo, lado de arriba, y deséchela. Vuelva el pescado y elimine la piel del lado más plano, lado de abajo. Con mucho cuidado, deslice un cuchillo por el espinazo para sacar la carne en un pedazo. Coloque el pescado en el plato donde lo va a servir de modo tal que se vea el lado por donde se ha cortado.

4 Retire las espinas del otro pedazo y finalmente coloque éste encima del primero para armar el pescado. Así se sirve más fácilmente. Coloque la cabeza y la cola para que parezca entero.

5 Distribuya las rodajas de pepino encima del pescado, empezando por la cola, en forma de escamas. Sirva con la mayonesa.

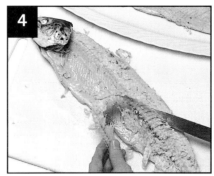

Cola de Rape Rellena

Un plato muy impresionante, pero simple de preparar.

Para 6 personas

INGREDIENTES

750 g de cola de rape, sin piel y sin
  los extremos
6 lonchas de jamón de Parma
  (prosciutto)

4 cucharadas de hierbas mixtas
  picadas como perejil, cebollinos,
  albahaca, salvia
1 cucharadita de piel de
  limón rallada
2 cucharadas de aceite de oliva

sal y pimienta

PARA ACOMPAÑAR:
verduras cortadas en juliana,
  rehogadas
patatas tempranas

1 Con un cuchillo afilado, corte a lo largo de cada lado de la espina central del rape para obtener 2 filetes. Lave y seque los filetes.

2 En una superficie limpia coloque el jamón de Parma a lo ancho y un poco superpuesto . Ahora coloque los filetes encima del jamón a lo largo y con los lados cortados mirando hacia adentro.

3 Mezcle las hierbas picadas y la piel de limón. Sazone bien. Eche esta mezla encima de uno de los filetes. Coloque uno encima del otro y envuelva firmemente con las lonchas de jamón. Asegure con bramante o con mondadientes.

4 Caliente el aceite de oliva en una sartén o bandeja de horno y coloque el pescado con los bordes del jamón hacia abajo, y dore por completo.

5 Lleve al horno caliente a 200°C unos 25 minutos hasta que e sté bien dorado y el pescado esté tierno. Saque del horno y deje reposar 10 minutos antes de cortarlo en rodajas gruesas. Sirva con verduras cortadas juliana rehogadas y patatas tempranas.

SUGERENCIA

Es posible sacar la espina central del rape sin necesidad de cortarlo completamente en filetes. Así es más fácil de rellenar, pero se necesita algo de práctica.

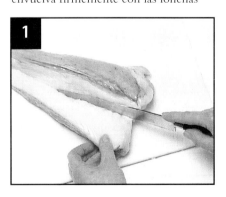

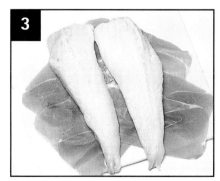

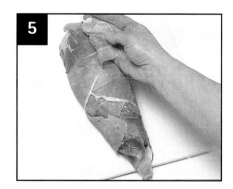

Langosta Asada al Grill con Beurre Blanc (Mantequilla Blanca)

Puede cocer la langosta a la parrilla si prefiere. Cueza con el lado del caparazón hacia abajo para proteger la carne del intenso calor que emana el fuego y cueza hasta que esté casi lista, luego déle la vuelta brevemente con la carne hacia abajo para terminar de cocer.

Para 4 personas

INGREDIENTES

4 langostas vivas de 450 g
25 g de mantequilla

BEURRE BLANC:
25 g de chalotes finamente picados
1 cucharada de vinagre de vino blanco
1 cucharada de vino blanco seco

50 ml de agua
150 g de mantequilla sin sal fría y
en dados
2 cucharaditas de estragón fresco
picado
1 cucharada de perejil fresco picado

PARA ADEREZAR:
sal y pimienta
trozos de limón
otras ramitos de hierbas frescas

1 Coloque las langostas en el congelador unas 2 horas. Sáquelas y con un cuchillo bien largo separe en dos a lo largo por detrás de la cabeza. Unte la carne con mantequilla. Ponga la langosta en una plancha con la carne hacia arriba y ase debajo de un grill muy caliente de 5 a 7 minutos hasta que la carne se ponga firme y opaca.

2 Mientras tanto, coloque los chalotes en un cazo con el vinagre, el vino blanco y el agua. Hierva y cueza a fuego lento hasta que quede

sólo 1 cucharada del líquido. Baje el fuego al mínimo y empiece a agregar la mantequilla, un dadito cada vez, y batiendo constantemente. Agregue el siguiente dadito de mantequilla una vez que el otro se haya incorporado completamente y continúe así hasta que haya usado toda la mantequilla y la salsa haya espesado.

3 Añada el estragón y el perejil y sazone al gusto.

4 Sirva la langosta en cuatro platos y vierta la beurre blanc por encima.

Acompañe con trozos de limón y hierbas frescas.

SUGERENCIA

Existe cierta controversia acerca de la forma más humana de matar una langosta. La RSPCA (Royal Society for the Prevention of Cruelty to Animals), Asociación protectora de animales de Inglaterra, ha sugerido poner la langosta en el congelador 2 horas antes de cocerla, porque esto no les ocasiona ningún dolor antes de morir pero, si usted le da aprensión este tipo de cosas, omita esta parte.

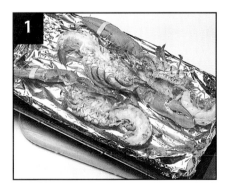

Ensalada de Langosta y Aguacate

Esta receta no es realmente un plato principal, pero quedaría muy bien si se sirve como almuerzo ligero con algo de pan o como parte de un bufet.

Para 4 personas

INGREDIENTES

2 langostas cocidas de 400 g
1 aguacate grande
1 cucharada de zumo de limón
225 g de judías verdes
4 cebolletas en rodajas finas
2 cucharadas de perifollo fresco
picado

1 cucharada de cebollinos frescos
picados

ADEREZO:
1 diente de ajo machacado
1 cucharadita de mostaza de Dijon
una pizca de azúcar

1 cucharada de vinagre balsámico
5 cucharadas de aceite de oliva
sal y pimienta

1 Para preparar las langostas, córtelas por la mitad y a lo largo. Retire la vena intestinal a lo largo de la cola, el estómago y cualquier filamento gris en la cavidad del cuerpo en el extremo de la cabeza. Parta las pinzas y saque la carne en un sólo pedazo, si es posible. Corte ligeramente toda la carne y ponga aparte.

2 Corte el aguacate a lo largo y saque el hueso. Corte por la mitad y a lo largo otra vez y quite la piel. Corte el aguacate en trozos y mezcle con el zumo de limón. Agregue la carne de langosta.

3 Ponga a hervir agua salada en una olla grande e introduzca las judías verdes. Escalde 3 minutos, escurra y refresque inmediatamente debajo de abundante agua fría. Escurra de nuevo y deje hasta que se enfríen completamente. Corte las judías por la mitad e incorpore al aguacate y langosta.

4 Mientras tanto, prepare el aderezo mezclando con un tenedor el ajo, la mostaza, el azúcar, el vinagre y el condimento. Vierta el aceite poco a poco hasta que espese.

5 Incorpore las cebolletas, el perifollo y los cebollinos a la mezcla de langosta y aguacate y mezcle despacio. Vierta el aderezo y sirva inmediatamente.

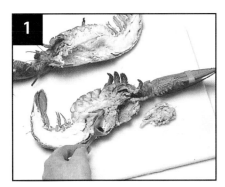

Fuente de Frutos del Mar

Una fuente de frutos del mar es uno de los platos más deliciosos que pueda probar.
Esta receta le sirve de guía, compre los mariscos que consiga.

Para 6 personas

INGREDIENTES

36 mejillones vivos, limpios y sin
   filamentos
18 ostras vivas
3 langostas cocidas de 450 g
3 cangrejos cocidos de 750 g
36 langostinos o gambas cocidas
una selección de almejas, bígaros,
   buccinos, berberechos, vieiras,
   erizos de mar
sal y pimienta

MAYONESA:
1 yema de huevo
1 cucharadita de mostaza de Dijon
1 cucharada de zumo de limón
300 ml de aceite de oliva

CHALOTES A LA VINAGRETA:
150 ml de vinagre de vino tinto
   de buena calidad
3 chalotes picados

1 cucharada de aceite de oliva

PARA ADORNAR:
algas
hielo triturado
3 limones cortados en trozos

1   Para preparar los mariscos, cueza al vapor los mejillones, las almejas y los berbechos, si los está usando, con el agua que les queda en las conchas 3 ó 4 minutos hasta que se abran. Escurra y refresque debajo de suficiente agua fría. Si prefiere servir las ostras ligeramente cocidas (lo que permite abrirlas mejor) límpielas y colóquelas en una olla con un poquito de agua. Cueza a fuego alto 3 ó 4 minutos, escurra y refresque debajo de agua fría. Los bígaros y los buccinos tienen que hervirse en agua salada, debe escurrir los bígaros tan pronto como el agua empiece a hervir pero debe cocer los buccinos a fuego lento 4 minutos y luego escurrir. Cueza las vieiras al vapor en la mitad de las conchas hasta que la carne se vuelva blanca. Los erizos de mar sólo necesitan cortarse por la mitad y escurrir el exceso de agua.

2   Para hacer la mayonesa coloque la yema de huevo, la mostaza, el zumo de limón y el condimento en una batidora eléctrica o trituradora y mezcle 30 segundos hasta que forme espuma.

Comience a agregar el aceite de oliva gota a gota primero hasta que espese. Continúe agregando el aceite de oliva en un hilo constante hasta incorporarlo todo. Sazone al gusto y añada un poquito de agua caliente si la mezcla parece muy espesa. Refrigere si es necesario.

3   Para hacer los chalotes a la vinagreta, mezcle el vinagre, los chalotes, el aceite y el condimento. Deje a temperatura ambiente 2 horas.

4   Para servir los mariscos, coloque las algas sobre una bandeja o fuente grande y ponga el hielo triturado encima. Arregle los mariscos y crustáceos con los trozos de limón alrededor de la fuente poniendo más hielo a medida que los arregla. Sirva la mayonesa y los chalotes a la vinagreta por separado.

Bouillabaisse

Como muchos de los estofados y sopas de pescado franceses tradicionales, el pescado se sirve separado de la sopa, acompañado de una salsa fuerte que se pasa alrededor de la mesa.

De 6 a 8 personas

INGREDIENTES

5 cucharadas de aceite de oliva
2 cebollas grandes picadas
1 puerro picado
4 dientes de ajo machacados
$^1/_2$ bulbo pequeño de hinojo picado
5 tomates maduros sin piel y picaditos
1 ramita de tomillo fresco
2 tiras de piel de naranja
1,75 litros de caldo caliente de
   pescado

2 kg de pescado mixto como el San
   Pedro, róbalo, brema, salmonete,
   bacalao, raya, cangrejos de
   caparazón blando, gambas crudas,
   langostinos, todos en trozos de
   similar tamaño (los mariscos se
   dejan enteros)
12-18 rodajas gruesas de pan francés
sal y pimienta

SALSA DE PIMIENTOS ROJOS Y
   AZAFRÁN:
1 pimiento rojo sin semillas y en
   cuatro trozos
150 ml de aceite de oliva
1 yema de huevo
una buena pizca de azafrán
una pizca de chile seco desmenuzado
zumo de limón al gusto

1 Para empezar, prepare la salsa de pimientos rojos y azafrán. Con una brochita de cocina unte los trozos de los pimiento con el aceite de oliva. Colóquelos debajo de un grill caliente y ase 5 ó 6 minutos por cada lado hasta que estén quemados y tiernos. Retírelos del fuego y colóquelos dentro de una bolsa de plástico hasta que estén fríos. Quíteles la piel.

2 Coloque el pimiento en una batidora eléctrica con la yema de huevo, el azafrán, el chile, el zumo de limón y el condimento y mezcle hasta que esté suave. Comience agregando el aceite gota a gota hasta que la mezcla empiece a espesar. Continúe agregando el aceite en un hilo constante hasta incorporarlo todo y la mezcla espese. Agregue un poquito de agua caliente si le parece muy espesa.

3 En una olla grande, caliente el aceite de oliva, agregue las cebollas, el puerro, el ajo y el hinojo y rehogue de 10 a 15 minutos hasta que se ablanden y empiecen a dorar. Agregue los tomates, el tomillo, la piel de naranja y el condimento y rehogue otros 5 minutos hasta que los tomates se hayan desintegrado.

4 Vierta el caldo de pescado y lleve a ebullición. Cueza a fuego lento 10 minutos hasta que todas las verduras estén tiernas. Incorpore el pescado y hierva otra vez. Cueza a fuego lento 10 minutos hasta que el pescado esté tierno.

5 Cuando la sopa esté lista, tueste el pan por ambos lados. Con una espumadera divida el pescado entre los platos. Agregue un poco de la sopa para mantener el pescado jugoso y sirva con el pan. Pase la salsa de pimiento rojo y azafrán para acompañar y sirva el resto de la sopa por separado.

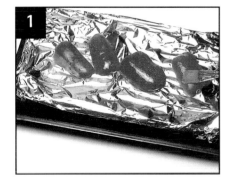

Suflé de Cangrejo

Los suflés dan siempre buena impresión y éste no es la excepción. Sírvase directo del horno,
pero no se preocupe si se hunde mientras lo lleva a la mesa, son gajes del oficio.

De 4 a 6 personas

INGREDIENTES

40 g de mantequilla
1 cucharada de mantequilla, y algo
   más para engrasar
25 g de pan rallado seco
1 cebolla pequeña picada
1 diente de ajo machacado

2 cucharaditas de mostaza en polvo
25 g de harina común
225 ml de leche
50 g de queso gruyère rallado
3 huevos separados

225 g de carne de cangrejo fresca
   o descongelada
2 cucharadas de cebollinos frescos
una pizca de cayena
sal y pimienta

1 Engrase con abundante mantequilla un molde para suflés de 1,15 litros. Agregue el pan rallado y agite la fuente para que el pan cubra completamente la base y las paredes. Elimine el exceso de pan. Deje aparte en una bandeja de horno.

2 Derrita la mantequilla en una olla grande. Agregue las cebollas y sofría a fuego lento 8 minutos hasta que se ablanden pero no se doren. Agregue el ajo y sofría otro minuto. Añada la mostaza en polvo y la harina y rehogue 1 minuto. Vierta la leche poco a poco removiendo constantemente

hasta que esté suave. Aumente el fuego un poco y hierva removiendo constantemente. Cueza a fuego lento 2 minutos. Retire del fuego y mezcle el queso. Deje enfriar un poco.

3 Agregue removiendo las yema de huevo y luego incorpore la carne de cangrejo, los cebollinos, la cayena y condimente bien.

4 En un recipiente limpio, bata las claras de huevo a punto de nieve. Agregue una cucharada sopera colmada de claras a la mezcla de cangrejo y mezcle hasta que disminuya. Incorpore

el resto de las claras y mezcle con mucho cuidado pero muy bien. Vierta en el molde preparado.

5 Lleve al horno caliente y cueza a 200°C durante 25 minutos hasta que se levante bien y esté dorado. Sirva inmediatamente.

Roulade de Espinacas

Este plato queda muy bien si se sirve con la Salsa de Tomate Rápida
que acompaña las Croquetas de Atún en la página 142.

Para 4 personas

INGREDIENTES

225 g de espinacas descongeladas y
  bien escurridas
25 g de mantequilla
25 g de harina común
200 ml de leche
4 huevos separados
1 cucharada de estragón fresco
$^1/_2$ cucharadita de nuez moscada
  recién rallada

aceite de oliva para cubrir con una
  brochita
sal y pimienta

RELLENO:
375 g de filete de bacalao ahumado
  sin piel
125 g de queso ricotta
25 g de queso parmesano rallado

4 cebolletas picadas
2 cucharadas de cebollinos recién
  picados
50 g de tomates secados al sol en
  aceite de oliva, escurridos y picados

1 Engrase un molde para brazo de gitano de 33 x 23 cm y cubra con papel parafinado. Exprima las espinacas para sacar la mayor cantidad de agua posible. Pique finamente y ponga aparte.

2 Derrita la mantequilla en una olla, agregue la harina y rehogue 30 segundos, removiendo. Poco a poco, vierta la leche hasta que la mezcla esté suave, removiendo constantemente. Hierva y cueza a fuego lento 2 minutos, removiendo todo el tiempo. Retire del fuego y deje enfriar.

3 Incorpore las espinacas, las yemas de huevo, el estragón, la nuez moscada y el condimento. Bata las claras de huevo a punto de nieve. Agregue una cucharada grande a las espinacas y remueva con cuidado hasta que se integre, agregue el resto de las claras de la misma manera y con mucho cuidado para evitar que se reduzca el volumen. Vierta la mezcla en el molde preparado y alise la superficie.

4 Lleve al horno caliente a 200°C durante 15 minutos hasta que se

haya levantado y esté dorado y firme en el centro. Déle la vuelta inmediatamente sobre un pañito de cocina, quite el papel parafinado y enrolle por uno de los lados cortos.

5 Para el relleno, cubra el filete con agua hervida y deje 10 minutos hasta que esté tierno. Saque el pescado y desmenuce con cuidado, eliminando todas las espinas y mezcle el pescado con el queso ricotta, el parmesano, las cebolletas, los cebollinos, los tomates y el condimento.

6 Desenrolle el roulade y unte la mezcla, dejando un espacio de 2,5 cm alrededor. Enrolle de nuevo firmemente y regrese al horno, con el borde hacia abajo durante 20 minutos.

Pastel de Pescado de Lujo

Éste es un plato para tirar la casa por la ventana.

Para 4 personas

INGREDIENTES

80 g de mantequilla
3 chalotes picados
115 g de champiñones de sombrete
cerrado cortados por la mitad
2 cucharadas de vino blanco seco
900 g de mejillones vivos, limpios
y sin filamentos
court-bouillon (ver página 122, Trucha
Arco Iris Escalfada)

300 g de filete de rape en cubitos
300 g de filete de bacalao sin piel
y en cubitos
300 g de filete de platija sin piel
y en cubitos
115 g de gambas gigantes peladas
25 g de harina todo uso
50 ml de nata para montar

CUBIERTA DE PATATAS:
1,5 kg de patatas harinosas
en pedazos
50 g de mantequilla
2 yemas de huevo
120 ml de leche
una pizca de nuez moscada recién
rallada
sal y pimienta
perejil fresco para adornar

1 Para preparar el relleno, derrita 25 g de la mantequilla en una sartén y agregue los chalotes y rehogue 5 minutos hasta que se ablanden. Agregue los champiñones y rehogue 2 minutos a fuego alto. Vierta el vino y cueza a fuego lento hasta que el líquido se haya evaporado. Coloque todo en una fuente refractaria llana de 1,5 litros y deje aparte.

2 Coloque los mejillones en una olla grande con el agua que les

queda en las conchas y cueza, tapado, a fuego alto 3-4 minutos hasta que todos estén abiertos. Deseche los que permanezcan cerrados. Escurra y conserve el líquido. Cuando se hayan enfriado, sáquelos de las conchas y agregue a los champiñones.

3 Hierva el court-bouillon e incorpore el rape. Hierva a fuego lento 2 minutos antes de agregar el bacalao, la platija y las gambas. Saque el pescado con una espumadera y únalo a los mejillones y champiñones.

4 Derrita el resto de la mantequilla en una olla y agregue la harina. Remueva hasta que esté suave y cueza 2 minutos sin dorar. Poco a poco, vierta el court-bouillon caliente y el líquido donde se cocieron los mejillones hasta obtener una crema suave y espesa. Incorpore la nata y cueza a fuego lento 15 minutos, removiendo todo el

tiempo. Sazone al gusto y agregue al pescado.

5 Mientras tanto, haga la cubierta de patatas. Hierva las patatas en abudante agua salada de 15 a 20 minutos hasta que estén tiernas. Escurra bien y haga un puré de patatas con la mantequilla, las yemas de huevo, la leche, la nuez moscada y el condimento. Póngalo con una manga pastelera encima del pescado o con una espátula y hágale unas líneas con los dientes de un tenedor.

6 Lleve al horno caliente a 200°C durante 30 minutos hasta que esté dorado y empiece a hacer burbujas. Sirva inmediatamente y adorne con perejil fresco.

Salmón Coulibiac

Este plato es original de Rusia y tradicionalmente se utilizaba alforfón en lugar de arroz. Las versiones originales eran mucho más grandes y se necesitaban varias personas para llevarlas a la mesa.

Para 4 personas

INGREDIENTES

50 g de arroz de grano largo
una pizca de sal
3 huevos
2 cucharadas de aceite vegetal
1 cebolla picada
1 diente de ajo machacado
1 cucharadita de piel de
   limón rallada

2 cucharadas de perejil fresco picado
1 cucharada de eneldo fresco picado
450 g de filete de salmón sin piel y
   cortado en cubos
500 g de hojaldre
un huevo batido para glasear

SALSA HOLANDESA RÁPIDA:
175 g de mantequilla
1 cucharada de vinagre de vino
2 cucharadas de zumo de limón
3 yemas de huevo
sal y pimienta

1 Cueza el arroz con la pizca de sal en abundante agua hirviendo de. 7 a 8 minutos hasta que esté tierno. Escurra bien y ponga aparte. En un cazo ponga agua a hervir y cueza los huevos 8 minutos a partir del momento en que el agua hierva de nuevo. Escurra y refresque debajo de suficiente agua fría. Cuando se hayan enfriado pélelos y córtelos en rodajas delgadas.

2 Caliente el aceite en una sartén y agregue la cebolla. Rehogue unos 5 minutos hasta que se ablande. Añada el ajo y rehogue otros

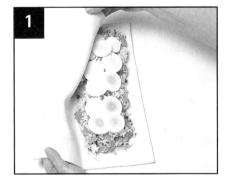

30 segundos. Incorpore el arroz con la piel de limón rallada, el perejil, el eneldo y el salmón.

3 Haga un rectángulo de 40 x 30 cm con el hojaldre. Coloque el hojaldre en una bandeja de horno. Con una cuchara ponga la mitad del relleno en una de las mitades del hojaldre, dejando un espacio alrededor del borde de unos 2 cm. Ponga los huevos rebanados encima e incorpore el resto del relleno.

4 Humedezca los bordes externos del hojaldre con el huevo batido y doble por encima del relleno. Selle bien alrededor. Haga unas marcas sobre el hojaldre con un cuchillo afilado, con cuidado de no cortarlo. Decore con retacitos de hojaldre y píntelo con el huevo batido.

5 Lleve al horno caliente a 200°C. de 30 a 35 minutos hasta que

el hojaldre se haya levantado y esté dorado.

6 Para preparar la salsa, coloque la mantequilla en un cazo y derrita lentamente. Vierta el vinagre y el zumo de limón en otra olla y hierva. Mientras tanto, coloque la yema de huevo y la pizca de sal en una batidora eléctrica o en una licuadora y mezcle todo. Con la batidora encendida, agregue poco a poco el vinagre y el zumo de limón calientes. Cuando la mantequilla empiece a hervir, viértala poco a poco en la mezcla hasta incorporarla toda y hasta que la salsa espese. Sazone al gusto.

7 Conserve caliente colocándola en un recipiente sobre agua caliente. Sirva el pastel con un poquito de la salsa holandesa.

Pastel de Salmón y Calabacín

*Este pastel es la simplicidad pura, se puede preparar
por adelantado y recalentar justo antes de servir.*

Para 4 personas

INGREDIENTES

2 cucharadas de aceite de oliva
2 pimientos rojos, sin el corazón,
   sin semillas y picado
1 cebolla mediana picada
2 huevos
225 g de filete de salmón sin piel
   y cortado en cubos

1 calabacín en rodajas
1 cucharadita de eneldo fresco picado
sal y pimienta
ajo chino, para adornar

MASA:
350 g de harina común
$^{1}/_{2}$ cucharadita de sal
175 g de mantequilla fría en cubos
2 yemas de huevo
un huevo batido o leche para glasear

1   Caliente el aceite en una olla y agregue los pimientos, las cebollas y un poquito de condimento y rehogue a fuego lento 10 a 15 minutos hasta que se ablanden. Colóquelos en una batidora eléctrica y mezcle hasta que estén suaves o páselos a través de un colador fino.

2   En un cazo ponga agua a hervir. Agregue los huevos y cueza durante 10 minutos a partir del momento en que el agua hierva de nuevo y luego refresque debajo de suficiente agua fría. Cuando se hayan enfriado, pélelos.

3   Corte los huevos ligeramente y añádalos al puré de pimientos con el salmón, el calabacín, el eneldo y el condimento. Mezcle bien y deje aparte.

4   Para hacer la masa para el pastel, coloque la harina en un recipiente con ½ cucharadita de sal. Agregue la mantequilla y mezcle con la punta de los dedos hasta que la mezcla parezca pan rallado. Agregue las yemas de huevo y suficiente agua fría, unas 3 ó 4 cucharadas, para hacer una masa firme. Colóquela encima de una superficie enharinada y amase brevemente hasta que esté suave.

5   Con un rodillo estire un poco más de la mitad de la masa y cubra un molde para pasteles de 23 cm. Rellene con la mezcla de salmón y humedezca los bordes con un poquito de agua. Estire la otra mitad y cubra el pastel. Pellizque con los dedos para sellar el pastel. Haga una cruz o una cuchillada en la parte de arriba del pastel para que salga el vapor. Con el rodillo, estire cualquier retazo de masa restante y corte en forma de colas de pescado o de hojas y utilícelas para decorar aldedor del pastel, sujetándolas con un poquito de huevo batido o leche. Con una brochita unte el resto del pastel con más huevo o leche.

6   Lleve al horno caliente a 200°C durante 30 ó 35 minutos hasta que el pastel esté dorado. Sírvase caliente y adorne con ajo chino.

Tarta de Trucha Ahumada al Calor

La trucha ahumada al calor se consigue en pescaderías y en los grandes supermercados.
El pescado es ahumado en un ambiente caliente que cuece y le da sabor a la carne.

Para 6 personas

INGREDIENTES

175 g de harina común
1 cucharadita de sal
80 g de mantequilla cortada en
   trozos pequeños
1 yema de huevo

RELLENO:
25 g de mantequilla
1 cebolla pequeña finamente picada

1 cucharadita de granos de pimienta
   verde en salmuera, escurridos y
   ligeramente picados
2 cucharaditas de jengibre
   confitado, seco
2 cucharaditas de jengibre
   en almíbar
225 g de filetes de trucha ahumada
   al calor desmenuzados

3 yemas de huevo
100 ml de crème fraîche
100 ml de nata para montar
1 cucharada de perejil fresco picado
1 cucharada de cebollinos frescos
   picados
sal y pimienta

1 Pase por un colador la harina y la sal. Agregue la mantequilla y amase bien con los dedos hasta que la mezcla parezca migajas gruesas de pan. Añada la yema de huevo y unas 2 cucharadas de agua fría para hacer una masa firme. Amase brevemente, envuelva en papel transparente y refrigere durante 30 minutos.

2 Mientras tanto, haga el relleno. Derrita la mantequilla en una sartén y agregue la cebolla. Rehogue a fuego lento de 8 a 10 minutos hasta que ablande pero que no se dore. Retire del fuego y agregue los granos de pimienta, el jengibre, el jengibre en almíbar y la trucha desmenuzada. Ponga aparte.

3 Saque la masa del frigorífico y con un rodillo estire delgadamente. Cubra un molde o plato de 23 cm con la masa. Con un tenedor, pinche la base de la masa a espacios regulares. Cubra la masa con papel de aluminio o parafinado y coloque unas judías secas encima para que no se levante la base. Cueza en el horno caliente a 200°C durante 12 minutos. Retire las judías y el papel y cueza otros 10 minutos hasta que esté dorada y seca. Saque del horno y deje enfriar un poco. Disminuya la temperatura del horno a 180°C. Rellene la tarta con la mezcla de trucha.

4 Mezcle las yemas de huevo, la crème fraîche, el perejil, los cebollinos y el condimento. Vierta esta mezcla sobre la trucha hasta cubrirla. Lleve al horno caliente de 35 a 40 minutos hasta que se haya asentado y esté dorada. Saque del horno y deje enfriar un poco antes de servir con una ensalada verde mixta o verdura verde.

Tarta de Eglefino Ahumado y Espinacas

*El eglefino ahumado le da a la tarta
un delicioso sabor salado.*

Para 6 personas

INGREDIENTES

80 g de harina integral
80 g de harina común
una pizca de sal
80 g de mantequilla fría en cubos

RELLENO:
350 g de filete de eglefino ahumado

150 ml de leche, y 2 cucharadas más
150 ml de crema agria, y
  2 cucharadas más
115 g de hojas de espinacas
  descongeladas
3 yemas de huevo ligeramente batidas
80 g de queso Cheddar curado rallado

sal y pimienta

PARA ACOMPAÑAR:
endibia
hojas de berro
naranja en segmentos

1 Para hacer la masa para la tarta, mezcle los dos tipos de harina y la sal en un recipiente. Agregue la mantequilla y amase con los dedos hasta que la mezcla parezca migajas finas de pan. Vierta agua fría, unas 2 ó 3 cucharadas, para hacer una masa firme. Amase brevemente hasta que esté suave.

2 Con un rodillo estire la masa delgadamente para cubrir un molde de bordes ondulados de 20 cm. Coloque el molde cubierto en el congelador 15 minutos. Forre la masa con papel de aluminio o parafinado y coloque unas judías secas para evitar que la base se levante y lleve al horno caliente a 200°C de 10 a 12 minutos. Retire las judías y el papel y hornee otros 10 minutos hasta que esté dorada pálida y seca. Enfríe un poco. Disminuya la temperatura del horno a 190°C.

3 Para hacer el relleno, coloque el eglefino en una sartén y cúbralo con la leche y la crema. Hierva, cubra y retire del fuego. Deje reposar 10 minutos hasta que el eglefino esté tierno. Retire el pescado con una espumadera. Cuele el líquido sobre una jarra. Quítele la piel al pescado y desmenuce.

4 Coloque las espinacas en un colador fino y presione con un tenedor para eliminar el exceso de líquido. Distribuya las espinacas en la base de la tarta y luego cubra con el pescado desmenuzado. Agregue las yemas de huevo al líquido donde se coció el pescado con 55 g del queso y el condimento. Mezcle bien y vierta encima de la tarta. Espolvoree el resto del queso y lleve al horno de 25 a 30 minutos hasta que el relleno se haya levantado, esté dorado y firme.

Índice